U0949386

活着就得有点滋味儿

汪曾祺／汪朗 著

江苏凤凰文艺出版社
JIANGSU PHOENIX LITERATURE AND ART PUBLISHING, LTD

一花一叶皆有情

一茶一饭过一生

目录

一缶蜜茶
半支素烛
主人的深情

第二辑　五味

第三辑　食事

老头儿（代序）

汪朗

看杂书写杂文之外，老头儿（“老头儿”是家人对汪曾祺的昵称——编者注）还喜欢吃杂食，自称是个杂食动物。他生在高邮，住过昆明、上海、北京，还跑了不少地方，对各地的吃食都很有兴趣，都想品尝一番，特别是那些稀奇古怪的东西。他去内蒙古，专门要试着生吃羊肉。他晚年去云南，就想尝一下傣族的苦肠——牛肠里没有完全消化的青草，傣族人生吃、做调料、蘸肉。当地人怕同去的作家接受不了，只做了一个苦肠加肉蒸丸子，让他觉得很不过瘾。

老头儿看重的是平民化的杂食，是一般百姓的“吃儿”。他在北京京剧团上班时，经常会跑到附近的小饭馆，吃一碗卤煮火烧，来二两二锅头，觉得挺过瘾。到了外地，也四处踅摸各种杂吃。有一年他和一帮作家到广西桂林，放着宾馆的大菜不享用，非和贾平凹到街头吃小饭馆，最后相中了老友面，好像就是酸笋肉丝面。以后两人一走进小馆子，贾平凹就高叫一声：“两碗老

一九六六年四月
苦禅写

友面！”爸爸对贾平凹印象不错，除了觉得他有才外，还因为两人曾经是“面友”。

在家里，老头儿也常常做些杂七杂八的东西：炒麻豆腐、炒疙瘩皮、羊头羊蹄、热汤面就臭豆腐……全是北京平民吃的玩意儿，上不得大雅之堂。前些年，市面上还没爆肚卖，他就自己买个生牛肚，吭哧吭哧洗上半天，还得把牛肚里外都撕去一层，只留下中间部分，然后自己配制调料。折腾两三个小时，最后满打满算能爆出一笊篱成品，还嚼不烂。他倒是吃得挺来劲，用假牙一个劲儿磨蹭，一边还说：“爆肚就是不能嚼得烂。”有这回事？

老头儿也会做上几样拿手菜，在朋友中间有点名气。

一个是煮干丝。这本来是扬州的名菜，但他进行了改良。原来的大煮干丝只用鸡汤，最多俏些冬笋丝、火腿丝，比较清淡。他做的煮干丝还要添加冬菇、干贝、海米、虾子、鸡丝等提味，煮的时间也更长，还要略加一点儿酱油，因而味道更为醇厚。一次他受作协之托在家中招待聂华苓，做了一道煮干丝，结果客人把碗里的最后一点汤汁都喝得干干净净，让他很是得意。还有一次，朱德熙来家里吃饭，一大碗煮干丝还剩一小半，他就对夫人何孔敬说：“你不吃了吧！”随即把碗抱过来，吃了个底儿朝天。朱伯伯平时很谦和，对夫人也很好，但真碰上合口的东西就不管不顾了。真有意思。

老头儿常做的还有拌菠菜、冰糖肘子、腐乳肉、汽锅鸡、水煮牛肉、腌笃鲜等，都有相当水平。他做的菜南北杂陈，不拘一格，往往因时而异。一次，台湾女作家陈怡真到北京，指名要吃汪曾祺做的菜，老头儿参加爱荷华大学国际写作计划时和陈怡真相识，而且得到她不少帮助，自然不能推辞。除了煮干丝、冰糖肘子几样保留节目外，这次他还做了一道烧小萝卜，陈怡真吃了赞不绝口。当时是春天，北京小水萝卜刚上市，正是最好吃的时候，他烧的时候又加入了干贝，味道自然鲜美。到了秋天，市场上刚有鲜玉米卖时，他便会买些回家。别人要挑籽实饱满的，煮着吃出数，他却专拣嫩的买，玉米粒中要有一团白浆才好。买回之后，将玉米粒剥下，与猪肉末、青辣椒同炒，有一股说不出的清香。若是再加上云南的干巴菌，味道更棒，清香中混杂着一股干巴菌独有的异味。这道炒青苞谷本来是昆明的家常菜，但是能在北京吃到的人不多。

除了“三杂”之外，老头儿肚子里还有不少东西，能画两笔画，能写两笔字，新诗旧词也都能写上两句，还会唱几段昆曲，这里就不多说了。

老头儿的“三杂”对他的文学创作多有裨益。他住蒲黄榆时，经常到一家小酒馆喝酒，啃兔头，还结识了一帮酒友。后来他把酒馆里的见闻写成了一篇小说《安乐居》，很有味道，还拍成了电视剧。《安乐居》中写了一帮酒友，有木材厂下夜看门的老吕，做过小买卖的老聂，文化馆的“画家”，当过厨子的瘸子，扛过麻包的老王，还有一个久居北京的上海老头。老头儿把每个人都描画得活灵活现。上海老头的话很特别，在地道的上海

一九九六年十月吉
寫海棠一枝 云樵

话中往往掺杂一些北京语汇，甚至用一些北京的歇后语：“那末好！武大郎盘杠子——上下够不着！”他把这些北京语汇、歇后语一律上海话化了，北京字眼，上海语音，挺绝。上海老头自带酒菜，一顿酒要跑好几家酒馆，对此还有一个妙喻：“啊！我们吃酒格人，好比天上飞格一只鸟（读如‘屌’），格小酒馆，好比地上一棵树。鸟飞在天上，看到树，总要落一落格。”这只鸟喝完酒，收拾好筷子，盖好小饭盒，拎起提包，和其他酒客打个招呼后，飞了。他走后，有的酒客问：“他说什么？喝酒的都是屌？”每次看到这里，我都忍不住发笑。这个老头儿，一肚子坏水。老头儿写小说不怎么会编，一般都是根据真人真事加工出来的。如果没有泡酒馆吃兔头的经历，不可能写出这只“鸟”来。

老头儿吃兔头还有一个收获。一次酒客们在老头儿不在时聊起老头儿，有一个老者说，别看那个老头儿不言不语，肚子里有货。一看那双手，就是个写文章的。老头儿听说后很得意，向我们显摆了好一阵，同时也惊异于江湖之上确有高人。

有一篇小说编的成分比较多，就是《金冬心》。冬心先生是扬州八怪重要人物金农的号，老头儿对他很感兴趣。他曾经和我说起过金冬心的捷才：一次某盐商参加宴会，席间行令赋诗，诗句中须带有飞、红二字，盐商没什么文化，居然说了一句“柳絮飞来片片红”，众人皆说不通，弄得盐商很没面子，此时金冬心站出来说，此乃元人咏平山堂的诗句，并随口吟出全诗：“廿四桥头廿四风，凭栏犹忆旧江东。夕阳返照桃花渡，柳絮飞来片片红。”为盐商解了围。而这首诗其实是金农自撰的。事后，盐商送了金冬心一大笔钱。我听了之后觉得这个金冬心确实不一般，有“夕阳返照桃花渡”做铺垫，“柳絮飞来片片红”不但通，而且很有画面感。没想到，过了没多久，老头儿就写成了《金冬心》，说的就是这件事。

老头儿多年的朋友黄裳先生写过一篇《也说汪曾祺》，追忆了两人的交往故事，还对他的一些作品进行了评价，都十分精到。真的是懂老头儿。其中谈到了《金冬心》：“值得一说的是他的《金冬心》。初读，激赏，后来再读，觉得不过是以技巧胜，并未花多大力气就写成了，说不上‘代表作’。说来颇有意思，我也曾对金冬心发生过兴趣，编过一本《金冬心事辑》，从雍乾间冬心朋辈的诗文集中辑取素材，原想写一篇清前期扬州盐商、文士、画人之间关系的文章，一直未下笔，见曾祺的小说，未免激赏。后来重读，觉得这正是一篇‘才子文章’，摭取一二故实，穿插点染，其意自见，手法真是聪明，但不能归入‘力作’。”

“才子文章”，这等评价，也就是黄裳先生说得出来，因为他看清了里面的道道。《金冬心》确实没有花老头儿太多精力，确实是“摭取一二故实，穿插点染，其意自见”，但是要将这点子事情敷衍成篇，肚子里还真得有点杂货才行。就拿金冬心赴宴这件事来说，老头儿用相当篇幅具体介绍了宴会菜单：“凉碟是金华竹叶腿、宁波瓦楞明蚶、黑龙江熏鹿脯、四川叙府糟蛋、兴化醉蛏鼻、东台醉泥螺、阳澄湖醉蟹、糟鹌鹑、糟鸭舌、高邮双黄鸭蛋、界首茶干拌荠菜、凉拌枸杞头……热菜也只是蟹白烧乌青菜、鸭肝泥酿怀山药、鲫鱼脑烩豆腐、烩青腿子口蘑、烧鹅掌。甲鱼只用裙边。花鱼不用整条的，只取两块嘴后腮边眼下蒜瓣肉。车螯只取两块瑶柱。炒芙蓉鸡片塞牙，用大兴安岭活捕来的飞龙剁泥、鸽蛋清。烧烤不用乳猪，用果子狸。头菜不用翅唇参燕，清炖杨妃乳——新从江阴运到的鱼。随饭的炒菜也极素净：素炒蒌蒿苔、素炒金华菜、素炒豌豆苗、素炒紫芽姜、素炒凤尾——只有三片叶子的嫩莴苣尖、素烧黄芽白……”有了这些吃食，这道宴席才够档次，才能为酒席上行令营造气氛，进而带出故事的核心。老头儿为金冬心先生设计的这个菜单，可以说是他多年所见所闻所尝的饮食精华之荟萃，一般人还真编不出来。

金冬心的这个故事，不少人都讲过，但出自何处，则语焉不详。老头儿也没提起过，写小说时也没见他查阅过什么资料。后来，根据一个朋友查到的线索，我从清人牛应之的《雨窗消意录》卷三中找到了有关记载：“钱塘金寿门农客扬州，鹾商慕其名，竞相延致。一日有某商宴客于平山堂，金首坐。席间以古人诗句飞红为觞政。次至某商，苦思未得，众客将议罚。商曰：‘得之矣，柳絮飞来片片红。’一座哗然，笑其杜撰。金独曰：‘此元人咏平山堂诗也，引用甚切。’众请其全篇，金诵之曰：‘廿四桥边廿四风，凭栏犹忆旧江东。夕阳返照桃花渡，柳絮飞来片片红。’众皆服金博洽。其实乃金口占此诗，为某商解围耳。商大喜，越日，以千金馈之。”和老头儿当年跟我讲的情节几乎一样。

看来，他早把这件事吃进肚子里了，逮着机会就写成了小说。

黄裳先生的《也谈汪曾祺》，是写给苏北的一封信。苏北是老头儿的铁杆粉丝，也是我们这一辈的朋友。他当年曾经把汪曾祺的许多作品逐字逐句抄了下来，有四个大笔记本，后来也成了作家。苏北找到黄裳先生请教关于老头儿的一些问题，于是黄裳先生就写了这篇东西。信的最后他说："我与曾祺年少相逢，得一日之欢；晚岁两地违离，形迹浸疏，心事难知，只凭老朋友的旧存印象，漫加论列，疏陋自不能免。一篇小文，断断续续写了好久，终于完稿，得报故人于地下，放下心头一桩旧债，也算是一件快事。二〇〇八年十二月廿二日写毕记。"几句话，写尽了两人的交情和感情。

如今，老头儿和黄裳都已离去。如果真有另一个世界，他们该有许多闲聊的话题吧。

老头儿的许多文章都与吃喝有关，谈故乡的食物，谈昆明、张家口的见闻，谈各地的饮食习俗，谈自己的烹饪体会，七七八八凑在一起，有几十篇。直到今天这类文章还有许多读者。他的这类文章和一般人不太一样，很少谈某种菜的具体做法，也不怎么谈自己的"美食历程"，只是进行简简单单的介绍，让读者自己去想象其味道，这充分体现了他的写作主张：文章要留白。不过，也就是他能这样写，因为文字有味道，别人很难学得来。像他写的《肉食者不鄙》，列举了狮子头、镇江肴蹄、腐乳肉、腌笃鲜、东坡肉、霉干菜烧肉、黄鱼鲞烧肉等十几竹坡詩話云東南之有綠梅蓋自近時始余為兒童時猶未之見元祐間魯直諸公方有詩前此未嘗有賦此詩者政和間余溜州上姑蘇元夕見之僧舍中嘗作兩絕其後篇云程氏園當尺五天千金爭賞憑朱欄莫因七月家家有便此為常兩等看觀諸叔此詩可知前日之未嘗有也 [illegible]祺偶示

样肉菜，每个小标题下面多的几百字，少的只是一句话。像“腌笃鲜”的介绍，就是一行字：“上海菜。鲜肉和咸肉同炖，加扁尖笋。”这算文章吗？看过全文后你还得承认，大概还能算。这就是老头儿的本事。

偶尔，老头儿在文章中也会剽窃别人的成果。比如《肉食者不鄙》中，有一块是“夹沙肉•芋泥肉”：“夹沙肉和芋泥肉都是甜的，夹沙肉是川菜，芋泥肉是广西菜。厚膘臀尖肉，煮半熟，捞出，沥去汤，过油灼皮起泡，候冷，切大片，两片之间不切通，夹入豆沙，装碗笼蒸，蒸至四川人所说‘烂而不烂’，倒扣在盘里，上桌，是为夹沙肉。芋泥肉做法与夹沙肉相似，芋泥较豆沙尤为细腻，且有芋香，味较夹沙肉更胜一筹。”关于夹沙肉的做法大致还对，但有两个问题，一是臀尖肉不如肋条肉，北京人过去叫硬肋，而且最好将上面那层瘦肉片除，只留肥膘，这样口感更好。二是蒸制时要加入煮到六七成熟的糯米，以吸收肥膘肉渗透出来油，吃的时候将糯米与肥肉一起吃，味道极好。

老头儿其实没做过夹沙肉。我们家的夹沙肉是当年我从工厂一个四川籍工友那儿学的，第一次做好后，他看着这个油腻腻甜乎乎的菜都不敢动筷子，但尝了一口马上吃个不停，嘴里一边嘟囔着：“不能再吃了，再吃就要吃死人了。”一边，筷子冲着一块肥肉又扎了下去。夹沙肉做起来有点儿费事，所以我们家一般都是逢年过节才做，都是我动手。没想到，这个老头儿没有征得本人同意，就将夹沙肉写进了自己的文章，还冒充行家。不过，这道菜本来就是四川的民间菜，谁都没有专利权。另外，谁让人家有“三杂”呢，写出东西有人看。到了我这儿，顶多剩下“一杂”了，吃杂食。这号人，如今世上多得很，统称“吃货”。因此，还是别跟他老人家计较了。

老头儿的一些饮食文章，所谈的不仅是饮食。一九八六年，他写过一篇《苦瓜是瓜吗》，其中有这样一段：

由苦瓜我想到几个有关文学创作的问题：

一、应该承认苦瓜也是一道菜。谁也不能把苦瓜从五味里开除出去。我希望评论家、作家——特别是老作家，口味要杂一点，不要偏食。不要对自己没有看惯的作品轻易否定、排斥。不要像我的那位同乡一样，问道：“这个东西也能吃？为什么要吃这种东西？”提出“这样的东西也能写？为什么要写这样的作品？”我希望他们能习惯类似苦瓜一样的作品，能吃出一点味道来，如现在某些北京人。

二、《辞海》说苦瓜“未熟嫩果作蔬菜，成熟果瓤可生吃”。对于苦瓜，可以各取所需，愿吃皮的吃皮，愿吃瓤的吃瓤。对于一个作品，也可以见仁见智。可以探索其哲学意蕴，也可以踪迹其美学追求。北京人吃凉拌芹菜，只取嫩茎，西餐馆做罗宋汤则专要芹菜叶。人弃人取，各随尊便。

三、一个作品算是现实主义作品也可以，算是现代主义作品也可以，只要它真是一个，作品就是作品。正如苦瓜，说它是瓜也行，说它是葫芦也行，只要它是可吃的。苦瓜就是苦瓜。如果不是苦瓜，而是狗尾巴草，那就另当别论。截至现在为止，还没有人认为狗尾巴草很好吃。

有的饮食文章所要表达的意思没有这么直接，但也是话里有话，需慢慢品味。

老头儿这个“美食家”，属于笔头革命派，除了写写这方面的文章，没有参与过饮食品评之类的社会活动。只有一次，他和三联书店的老总编范用先生，还有另外几个老熟人商量着成立个吃喝团，自费到一些餐馆考察特色菜肴，进行比照，写出评语，顺便见见面，聊聊天。

前不久，整理老头儿留存的信件材料时，居然发现了这个吃喝团当年的发起函。全文如下：[①]

好吃的朋友们：

最近碰到几位好吃的朋友，谈到大家应该聚在一起，定期品尝不同的餐馆，不同的风味，于是我们有了成立“美食人家”（好吃俱乐部）的想法，请听我们道来：

“美食人家”创会设想：

（1）请12位好吃的朋友成为创会会员，成立“美食人家”。

（2）设会长一人（对外），副会长一人（会务总监），财务一人。

（3）新会员加入，需半数以上创会会员同意。

（4）会员每月聚餐一次，由会员决定聚餐餐馆，并对其先作初步调研（见调查表），餐费由聚餐人员分摊。

（5）聚会后，由会员评议，并记录完成调查表。

（6）对评议优良餐馆，本会给予“美食餐馆”（或另订）称号，并发给有评议会员签名证书。

（7）出版“美食人家”餐馆介绍；出版“美食人家”食谱。

（8）“美食人家”接受赞助（餐馆除外），设赞助会员，暂住会员可参加聚餐。

“美食人家”创会会员：

1.范用财务	2.王世襄会长	3.丁聪
4.杨宪益	5.吴祖光	6.汪曾祺
7.冯亦代	8.许以祺	9.黄宗江
10.冒舒湮	11.方成	12.黄苗子

“美食人家”赞助会员

1.美国许仙文化艺术推广许以祺（赞助3000人民币）

2.美国SMITHBARNEY蔡虹君（赞助2000人民币）

3.

您若同意请在您的姓名后签上您的名回寄给许以祺，谢谢。也希望您提创会意见。

范用，许以祺敬上

1996.7.14

---

①此文字是汪朗先生在整理汪曾祺先生信件时发现的，此前从未出版过。所录文字均保留信件原貌。

发起函后面还有一张表，开列出了餐馆评价的具体要求，包括名称、地址、经理姓名、餐位数量、环境、服务、菜式质量等不同项目，一些项目下面还有详细条款，如环境一项就要评价餐馆易找程度、桌距、餐巾、空调暖气、餐具清洁、车位、桌布、通风、吸烟区、洗手间等十方面做得如何，分出上中下三等。

不过，这个吃喝团考察的美食似乎只是宫保鸡丁、麻婆豆腐之类的大路货，说是这些菜才能看出厨师的真功夫。在那张餐馆评价表中，列出的考察参考项目只有三样，一是宫保鸡丁，二是红烧肘子，三是灌装可乐。这当然也与这些文人腰包的丰盈程度有关，尽管他们名头都挺大。吃喝团的发起人许以祺是台湾人，搞地质的，但是对文学很感兴趣，于是和这些文人搅在了一起。可惜，吃喝团的活动没搞几次，老头儿便去世了。不然还能有些故事。如今，这些大家多已作古，惜哉。

“三杂”还让老头儿结交了许多文学圈外的朋友。他去世后，我们想找个书法家写块墓碑，懂行的人推荐了大康。我们知道他生前看过大康的书画展，很是赞赏，于是找到了大康。大康和父亲没有直接交往，身体又不好，但是立即应承了下来。他说看过《字的灾难》，觉得批评得很到位，说出了他们圈内人不便说的话，因此早就知道汪曾祺。大康退还了我们带去的一点礼品，提出父亲的《全集》出版后送给他一套就行了。等到《汪曾祺全集》在北京师范大学出版社出版时，大康已经病重住院，还捎话说想看一看书。《全集》上午送到，下午他就去世了，也不知道最后看了一眼没有。

老头儿和王世襄先生也属于“杂交”。两人都喜欢写些关于饮食的文章，都能做两道菜，彼此又都认可，一来二去就有了联系。老头儿写过一篇《食道旧寻》，里面谈到王世襄先生：“学人中有不少是自己会做菜的。但都只能做一两只拿手小菜。学人中真正精于烹调的，据我所知，当推北京王世襄。世襄以此为一乐。有时朋友请他上家里做几个菜，主料、配料、酱油、黄酒……都是自己带去。据说过去连圆桌面都是自己用自行车驮去的。听黄永玉说，有一次有几个朋友在一家会餐，规定每人备料去表演一个菜。王世襄来了，提了一捆葱。他做了一个菜：焖葱。结果把所有的菜全压下去了。此事不知是否可靠。如不可靠，当由黄永玉负责！”文章的最后，老头儿还写了几句话：“学人所做的菜很难说有什么特点，但大都存本味，去增饰，不勾浓芡，少用明油，比较清淡，和馆子菜不同。北京菜有所谓‘宫廷菜’（如仿膳），‘官府菜’（如谭家菜、‘潘鱼’）。学人做的菜该叫个什么菜呢？叫做‘学人菜’，不大好听，我想为之拟一名目，曰‘名士菜’，不知王世襄等同志能同意否。”

王世襄先生接着写了一篇《答汪曾祺先生》，对老头儿文章中的一些“不实之词”进行了澄清，说自己去朋友家做饭，自带食材、调料是有的，因为一般货色不尽合用，但连圆桌面都用自行车驮去则是没影儿的事。文中还介绍了几道菜的具体做法，包括“海米烧大葱”。有意思的是，王世襄先生在文中先说自己才疏学浅，怎敢侧身于学人之林，后面又说自己做的菜既不能称作“学人菜”，“名士菜”越发地不敢。“具体到本人，因做菜不拘一格，勿论中外古今，东西南北，更不管是什么菜系，想吃什么就做什么，以意为之，实在没个谱。做得好吃算是蒙着了，做砸了朋友也不好意思责怪，还要勉强说个‘好’。用料从来也说不出分量，全凭所谓‘孤眼逮’（‘逮’读dēi），兴之所至，难免混合变通，搀杂着做，胡乱地做，因此称我做的菜为‘杂合菜’，我看也是完全符合的。”他老先生真是谦逊得可以，都是多少行当人们公认的权威了，居然连“学人”的帽子都嫌大，不愿戴。对比之下，时下不少“专家”“大师”真得臊死！

我们家有几本王先生的书，谈明清家具的，谈葫芦的，谈鸽哨的，但是王世襄签名送给汪曾祺的书好像只有一本，就是《中国名菜谱·北京卷》，王先生是主编。

老头儿住在蒲黄榆时，有个周末上午，王世襄先生突然打来电话问地址，说是要过来一下。进门之后，他打开手里拎的一个布袋子，跟老头儿说：“刚才在虹桥市场买菜，看得茄子挺好，多买了几个，骑车送过来，尝个鲜。”那是个大夏天，王先生上身一件和尚领背心，下面一条短裤，光脚穿了双凉鞋，和胡同里的老大爷没什么两样。两人没说几句话，王先生起身就走了。蒲黄榆在虹桥市场南边，王先生家在北边，为了送这几个茄子，他老先生一来一去得多骑半个多小时。那年他好像已经七十八了。

那一辈文人的交往，就是这么简单纯粹。

——节选自《“老头儿”三杂》

第一辑
四 方

口味

汪曾祺

“口之于味，有同嗜焉。”好吃的东西大家都爱吃。宴会上有烹大虾（得是极新鲜的），大都剩不下。但是也不尽然。羊肉是很好吃的。“羊大为美。”中国吃羊肉的历史大概和这个民族的历史同样久远。中国羊肉的吃法很多，不能列举。我以为最好吃的是手把羊肉。维吾尔、哈萨克都有手把羊肉，但似以内蒙为最好。内蒙很多盟旗都说他们那里的羊肉不膻，因为羊吃了草原上的野葱，生前已经自己把膻味解了。我以为不膻固好，膻亦无妨。我曾在达茂旗吃过“羊贝子”，即白煮全羊。整只羊放在锅里只煮四十五分钟（为了照顾远来的汉人客人，多煮了十五分钟，他们自己吃，只煮半小时），各人用刀割取自己中意的部位，蘸一点作料（原来只备一碗盐水，近年有了较多的作料）吃。羊肉带生，一刀切下去，会汪出一点血，但是鲜嫩无比。内蒙人说，羊肉越煮越老，半熟的，才易消化，也能多吃。我几次到内蒙，吃羊肉吃得非常过瘾。同行有一位女同志，不但不吃，连闻都不能闻。一走进食堂，闻到羊肉气味就想吐。她只好每顿用开水泡饭，吃咸菜，真是苦煞。全国不吃羊肉的人，不在少数。

“鱼羊为鲜”，有一位老同志是获鹿县人，是回民，他倒是吃羊肉的，但是一生不解何所谓鲜。他的爱人是南京人，动辄说：“这个菜很鲜”，他说，“什么叫‘鲜’？我只知道什么东西吃着‘香’。”要解释什么是“鲜”，是困难的。我的家乡以为最能代表鲜味的是虾子。虾子冬笋、虾子豆腐羹，都很鲜。虾子放得太多，就会“鲜得连眉毛都掉了”的。我有个小孙女，很爱吃我配料煮的龙须挂面。有一次我放了虾子，她尝了一口，说：“有股什么味！”不吃。

中国不少省份的人都爱吃辣椒。云、贵、川、黔、湘、赣。延边朝鲜族也极能吃辣。人说吃辣椒爱上火。井冈山人说：“辣子有补（没有营养），两头受苦。”我认识一个演员，他一天不吃辣椒，就会便秘！我认识一个干部，他每天在机关吃午饭，什么菜也不吃，只带了一小饭盒油炸辣椒来，吃辣椒下饭。顿顿如此。此人真是个吃辣椒专家，全国各地的辣椒，都设法弄了来吃。据他的品评，认为土家族的最好。有一次他带了一饭盒来，让我尝尝，真是又辣又香。然而有人是不吃辣的。我曾随剧团到重庆体验生活。四川无菜不辣，有人实在受不了。有一个演员带了几个年轻的女演员去吃汤圆，一个唱老旦的演员进门就嚷嚷：“不要辣椒！”卖汤圆的白了她一眼：“汤圆没有放辣椒的！”

北方人爱吃生葱生蒜。山东人特爱吃葱，吃煎饼、锅盔，没有葱是不行的。有一个笑话：婆媳吵嘴，儿媳妇跳了井。儿子回来，婆婆说：“可了不得啦，你媳妇跳井啦！”儿子说：“不

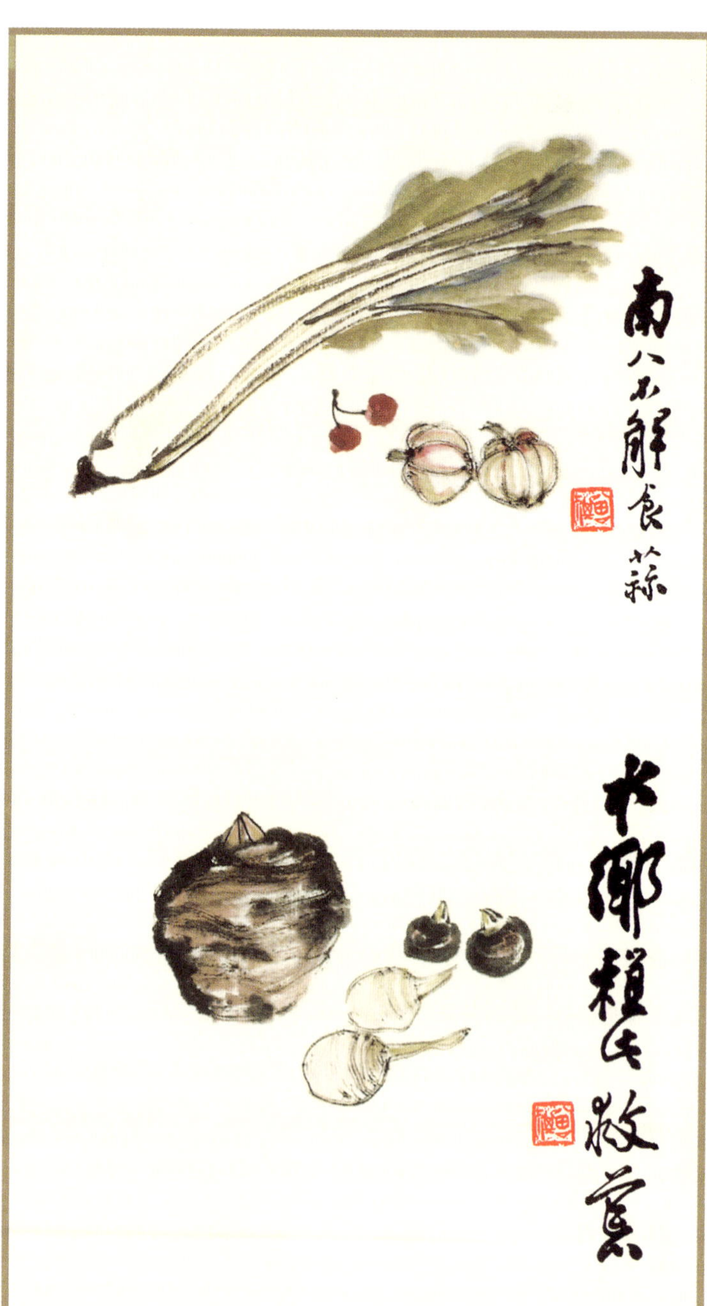
南人不解食蒜

咋！”拿了一根葱在井口逛了一下，媳妇就上来了。山东大葱的确很好吃，葱白长至半尺，是甜的。江浙人不吃生葱蒜，做鱼肉时放葱，谓之“香葱”，实即北方的小葱，几根小葱，挽成一个疙瘩，叫做“葱结”。他们把大葱叫做“胡葱”，即做菜时也不大用。有一个著名女演员，不吃葱，她和大家一同去体验生活，菜都得给她单做。“文化大革命”斗她的时候，这成了一条罪状。北方人吃炸酱面，必须有几瓣蒜。在长影拍片时，有一天我起晚了，早饭已经开过，我到厨房里和几位炊事员一块吃。那天吃的是炸油饼，他们吃油饼就蒜。我说，“吃油饼哪有就蒜的！”一个河南籍的炊事员说：“嘿！你试试！”果然，“另一个味儿”。我前几年回家乡，接连吃了几天鸡鸭鱼虾，吃腻了，我跟家里人说：“给我下一碗阳春面，弄一碟葱，两头蒜来。”家里人看我生吃葱蒜，大为惊骇。

有些东西，本来不吃，吃吃也就习惯了。我曾经夸口，说我什么都吃，为此挨了两次捉弄。一次在家乡。我原来不吃芫荽（香菜），以为有臭虫味。我家所开的中药铺请我去吃面，——那天是药王生日，铺中管事弄了一大碗凉拌芫荽，说：“你不是什么都吃吗？”我一咬牙吃了。从此，我就吃芫荽了。后来北地，每吃涮羊肉，调料里总要撒上大量芫荽。一次在昆明。苦瓜，我原来也是不吃的，——没有吃过。我们家乡有苦瓜，叫做癞葡萄，是放在瓷盘里看着玩，不吃的。有一位诗人请我下小馆子，他要了三个菜：凉拌苦瓜、炒苦瓜、苦瓜汤。他说：“你不是什么都吃吗？”从此，我就吃苦瓜了。北京人原来是不吃苦瓜的，近年也学会吃了。不过他们用凉水连“拔”三次，基本上不苦了，那还有什么意思！

有些东西，自己尽可不吃，但不要反对旁人吃。不要以为自己不吃的东西，谁吃，就是岂有此理。比如广东人吃蛇，吃龙虱；傣族人爱吃苦肠，即牛肠里没有完全消化的粪汁，蘸肉吃。这在广东人、傣族人，是没有什么奇怪的。他们爱吃，你管得着吗？不过有些东西，我也以为不吃为宜，比如炒肉芽——腐肉所生之蛆。

总之，一个人的口味要宽一点、杂一点，“南甜北咸东辣西酸”，都去尝尝。对食物如此，对文化也应该这样。

家常酒菜

汪曾祺

家常酒菜，一要有点新意，二要省钱，三要省事。偶有客来，酒渴思饮。主人卷袖下厨，一面切葱姜，调作料，一面仍可陪客人聊天，显得从容不迫，若无其事，方有意思。如果主人手忙脚乱，客人坐立不安，这酒还喝个什么劲！

拌菠菜

拌菠菜是北京大酒缸最便宜的酒菜。菠菜焯熟，切为分段，加一勺芝麻酱、蒜汁，或要芥末，随意。过去（一九四八年以前）才三分钱一碟。现在北京的大酒缸已经没有了。

我做的拌菠菜稍为细致。菠菜洗净，去根，在开水锅中焯至八成熟（不可盖锅煮烂），捞出，过凉水，加一点盐，剁成菜泥，挤去菜汁，以手在盘中团成宝塔状。先碎切香干（北方无香干，可以熏干代），如米粒大，泡好虾米，切姜末，青蒜末。香干末、虾米、姜末、青蒜末，手捏紧，分层堆在菠菜泥上，如宝塔顶。好酱油、香醋、小磨香油及少许味精在小碗中调好。菠菜上桌，将调料轻轻自塔顶淋下。吃时将宝塔推倒，诸料拌匀。

这是我的家乡制拌枸杞头、拌荠菜的办法。北京枸杞头不入馔，荠菜不香。无可奈何，代以菠菜。亦佳。清馋酒客，不妨一试。

拌萝卜丝

小红水萝卜，南方叫“杨花萝卜”，因为是杨花飘时上市的。洗净，去根须，不可去皮。斜切成薄片，再切成细丝，愈细愈好。少加糖，略腌，即可装盘，青红嫩白，颜色可爱。扬州有一种菊花，即叫“萝卜丝”。临吃，浇以三合油（酱油、醋、香油）。

或加少量海蜇皮细丝同拌，尤佳。

家乡童谣曰：“人之初，鼻涕拖，油炒饭，拌萝卜”，可见其普遍。

若无小水萝卜，可以心里美或卫青代，但不如杨花萝卜细嫩。

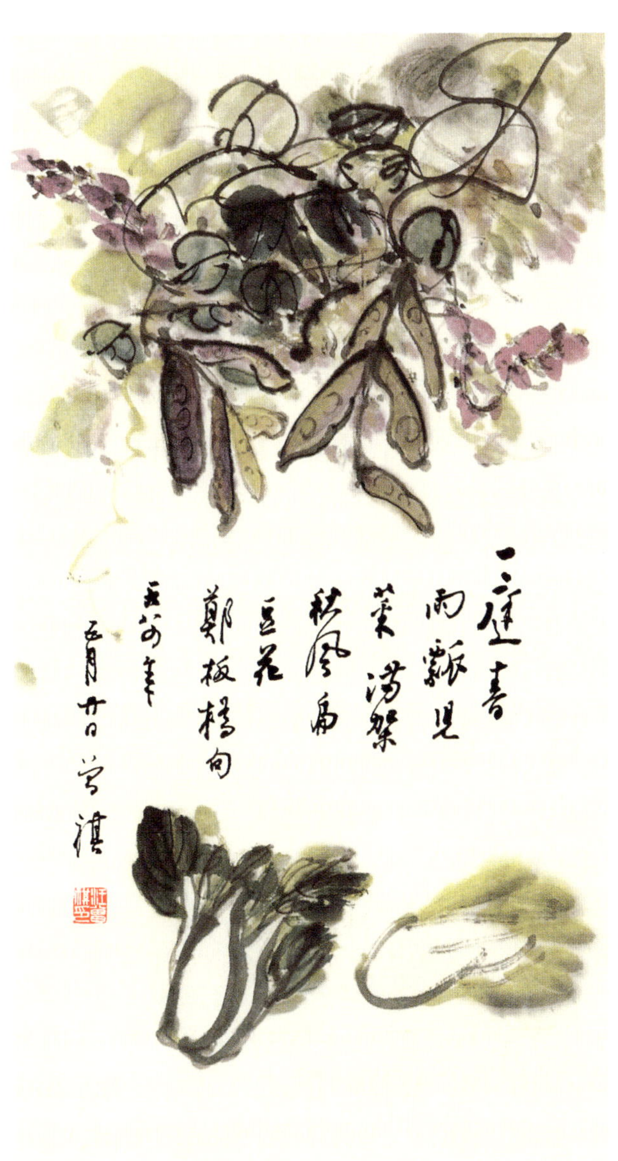
一庭春雨瓢兒菜
滿架秋風扁豆花
鄭板橋句

干丝

干丝是扬州菜。北方买不到的那种质地紧密，可以片薄片，切细丝的方豆腐干，可以豆腐片代。但须选色白，质紧，片薄者。切极细丝，以凉水拔二三次，去盐卤味及豆腥气。

拌干丝，拔后的豆腐片细丝入沸水中煮两三开，捞出，沥去水，置浅汤碗中。青蒜切寸段，略焯，虾米发透，并堆置豆腐丝上。五香花生米搓去皮膜，撒在周围。好酱油、小磨香油，醋（少量），淋入，拌匀。

煮干丝。鸡汤或骨头汤煮。若无鸡汤骨汤，用高压锅煮几片肥瘦肉取汤亦可，但必须有荤汤，加火腿丝、鸡丝。亦可少加冬菇丝、笋丝。或入虾仁、干贝，均无不可。欲汤白者入盐。或稍加酱油（万不可多），少量白糖，则汤色微红。拌干丝宜素，要清爽；煮干丝则不厌浓厚。

无论拌干丝，煮干丝，都要加姜丝，多多益善。

扦瓜皮

黄瓜（不太老即可）切成寸段，用水果刀从外至内旋成薄条，如带，成卷。剩下带籽的瓜心不用，酱油、糖、花椒、大料、桂皮、胡椒（破粒）、干红辣椒（整个）、味精、料酒（不可缺）调匀。将扦好的瓜皮投入料汁，不时以筷子翻动，使瓜皮沾透料汁，腌约一小时，取出瓜皮装盘。先装中心，然后以瓜皮面朝外，层层码好，如一小馒头，仍以所余料汁自馒头顶淋下。扦瓜皮极脆，嚼之有声，诸味均透，仍有瓜香。此法得之海拉尔一曾治过国宴的厨师。一盘瓜皮，所费不过四五角钱耳。

炒苞谷

昆明菜。苞谷即玉米。嫩玉米剥出粒，与瘦猪肉同炒，少放盐。略用葱花煸锅亦可，但葱花不能煸得过老，如成黑色，即不美观。不宜用酱油，酱油会掩盖苞谷的清香。起锅时可稍烹水，但不能多，多则成煮苞谷矣！我到菜市买玉米，挑嫩的，别人都很奇怪：

“挑嫩的干什么？”——“炒肉。”——“玉米能炒了吃？”北京人真是少见多怪。

松花蛋拌豆腐

北豆腐入开水焯过，俟冷，切为小骰子块，加少许盐。松花蛋（要腌得较老的），亦切为骰子块，与豆腐同拌。老姜在蒜臼中捣烂，加水，滗去渣，淋入。不宜用姜米，亦不加醋。

芝麻酱拌腰片

拌腰片要领：一、先不要去腰臊，只用快刀两面平片，剩下腰臊即可扔掉。如先将腰子平剖两半，剥出腰臊，再用平刀片，则腰片易残破不整。二、腰片须用凉水拔，频频换水，至腰片血水排净，方可用。三、焯腰片要锅大水多。等水大开，将腰片推下，旋即用笊篱抄出，不可等腰片复开。将第一次焯腰片的水泼去，洗净锅，再坐锅，水大开，将焯过一次的腰片投入再焯，旋即捞出，放凉水盆中。两次焯，则腰片已熟，而仍脆嫩。如一次焯，待腰片大开，即成煮矣。腰片凉透，挤去水，入盘，浇以芝麻酱、剁碎的郫县豆瓣、葱末、姜米、蒜泥。

拌里脊片

以四川制水煮牛肉法制猪肉，亦可。里脊或通脊斜切薄片，以芡粉抓过。烧开水一锅，投入肉片，以笊篱翻拢，至肉片变色，即可捞出，加调料。

如热吃，即可倾入水煮牛肉的调料：郫县豆瓣（剁碎）炒至出香味，加酱油、少量糖、料酒。最后撒碾碎的生花椒、芝麻。

焯过肉的汤，撇去浮沫，可做一个紫菜汤。

塞馅回锅油条

油条两股拆开，切成寸半长的小段。拌好猪肉（肥瘦各半）馅。馅中加盐、葱花、姜末。如加少量榨菜末或酱瓜末、川冬菜末，亦可。用手指将油条小段的窟窿捅通，将肉馅塞入、逐段下油锅炸至油条挺硬，肉馅已熟，捞出装盘。此菜嚼之酥脆。油条中有矾，略有涩味，比炸春卷味道好。

这道菜是本人首创，为任何菜谱所不载。很多菜都是馋人瞎琢磨出来的。

其他酒菜

凤尾鱼、广东香肠，市场可以买到；茶叶蛋、油炸花生米、五香煮栗子、煮毛豆，人人会做；盐水鸭、水晶肘子，做起来太费事，皆不及。

狮子头

狮子头是淮安菜。猪肉肥瘦各半，爱吃肥的亦可肥七瘦三，要“细切粗斩”，如石榴米大小（绞肉机绞的肉末不行），荸荠切碎，与肉末同拌，用手团成招柑大的球，入油锅略炸，至外结薄壳，捞出，放进水锅中，加酱油、糖，慢火煮，煮至透味，收汤放入深腹大盘。

狮子头松而不散，入口即化，北方的“四喜丸子”不能与之相比。

周总理在淮安住过，会做狮子头，曾在重庆红岩八路军办事处做过一次，说：“多年不做了，来来来，尝尝！”想必做得很成功，因为语气中流露出得意。

我在淮安中学读过一个学期，食堂里有一次做狮子头，一大锅油，狮子头像炸麻团似的在油里翻滚，捞出，放在碗里上笼蒸，下衬白菜。一般狮子头多是红烧，食堂所做却是白汤，我觉最能存其本味。

镇江肴蹄

镇江肴蹄，盐渍，加硝，放大盆中，以巨大石块压之，至肥瘦肉都已板实，取出，煮熟，晾去水汽，切厚片，装盘。瘦肉颜色殷红，肥肉白如羊脂玉，入口不腻。

吃肴肉，要蘸镇江醋，加嫩姜丝。

乳腐肉

乳腐肉是苏州松鹤楼的名菜，制法未详。我所做乳腐肉乃以意为之。猪肋肉一块，煮至六七成熟，捞出，俟冷，切大片，每片须带肉皮，肥瘦肉，用煮肉原汤入锅，红乳腐碾烂，加冰糖、黄酒，小火焖。乳腐肉嫩如豆腐，颜色红亮，下饭最宜。汤汁可蘸银丝卷。

腌笃鲜

上海菜。鲜肉和咸肉同炖，加扁尖笋。

东坡肉

浙江杭州、四川眉山，全国到处都有东坡肉。苏东坡爱吃猪肉，见于诗文。东坡肉其实就是红烧肉，功夫全在火候。先用猛火攻，大滚几开，即加作料，用微火慢炖，汤汁略起小泡即可。东坡论煮肉法，云须忌水，不得已时可以浓茶烈酒代之。完全不加水是不行的，会焦煳粘锅，但水不能多。要加大量黄酒。扬州炖肉，还要加一点高粱酒。加浓茶，我试过，也吃不出有什么特殊的味道。

传东坡有一首诗："无竹令人俗，无肉令人瘦，若要不俗与不瘦，除非天天笋烧肉。"未必可靠，但苏东坡有时是会写这种打油体的诗的。冬笋烧肉，是很好吃。我的大姑妈善做这道菜，我每次到姑妈家，她都做。

霉干菜烧肉

这是绍兴菜，全国各处皆有，但不似绍兴人三天两头就要吃一次，鲁迅一辈子大概都离不开霉干菜。《风波》里所写的蒸得乌黑的霉干菜很诱人，那大概是不放肉的。

黄鱼鲞烧肉

宁波人爱吃黄鱼鲞（黄鱼干）烧肉，广东人爱吃咸鱼烧肉，这都是外地人所不能理解的口味，其实这种搭配是很有道理的。近几年因为违法乱捕，黄鱼产量锐减，连新鲜黄鱼都很难吃到，更不用说黄鱼鲞了。

火腿

浙江金华火腿和云南宣威火腿风格不同。金华火腿味清，宣威火腿味重。

昆明过去火腿很多，哪一家饭铺里都能吃到火腿。昆明人爱吃肘棒的部位，横切成圆片，外裹一层薄皮，里面一圈肥肉，当中是瘦肉，叫做“金钱片腿”。正义路有一家火腿庄，专卖火腿，除了整只的、零切的火腿，还可以买到火腿脚爪，火腿油。火腿油炖豆腐很好吃。护国路原来有一家本地馆子，叫“东月楼”，有一道名菜“锅贴乌鱼”，乃以乌鱼片两片，中夹火腿一片，在平底铛上烙熟，味道之鲜美，难以形容。前年我到昆明去，向本地人问起东月楼，说是早就没有了，“锅贴乌鱼”遂成《广陵散》。

华山南路吉庆祥的火腿月饼，全国第一。一个重旧秤四两，名曰“四两砣”。吉庆祥还在，而且有了分号，所制四两砣不减当年。

腊肉

湖南人爱吃腊肉。农村人家杀了猪，大部分都腌了，挂在厨灶房梁上，烟熏成腊肉。我不怎样爱吃腊肉，有一次在长沙一家大饭店吃了一回蒸腊肉，这盘腊肉真叫好。通常的腊肉是条状，切片不成形，这盘腊肉却是切成颇大的整齐的方片，而且蒸得极烂，我没有想到腊肉能蒸得这样烂！入口香糯，真是难得。

夹沙肉·芋泥肉

夹沙肉和芋泥肉都是甜的，夹沙肉是川菜，芋泥肉是广西菜。厚膘臀尖肉，煮半熟，捞出，沥去汤，过油灼肉皮起泡，候冷，切大片，两片之间不切通，夹入豆沙，装碗笼蒸，蒸至四川人所说“烂而不烂”倒扣在盘里，上桌，是为夹沙肉。芋泥肉做法与夹沙肉相似，芋泥较豆沙尤为细腻，且有芋香，味较夹沙肉更胜一筹。

白肉火锅

白肉火锅是东北菜。其特点是肉片极薄，是把大块肉冻实了，用刨子刨出来的，故入锅一涮就熟，很嫩。白肉火锅用海蛎子（蚝）作锅底，加酸菜。

烤乳猪

烤乳猪原来各地都有，清代满汉餐席上必有这道菜，后来别处渐渐没有，只有广东一直盛行，大饭店或烧腊摊上的烤乳猪都很好。烤乳猪如果抹一点甜面酱卷薄饼吃，一定不亚于北京烤鸭。可惜广东人不大懂得吃饼，一般烤乳猪只作为冷盘。

手把羊肉

汪曾祺

到了内蒙，不吃几回手把羊肉，算是白去了一趟。

到了草原，进蒙古包做客，主人一般总要杀羊。蒙古人是非常好客的。进了蒙古包，不论识与不识，坐下来就可以吃喝。有人骑马在草原上漫游，身上只背了一只羊腿。到了一家，主人把这只羊腿解下来。客人吃喝一晚，第二天上路时，主人给客人换一只新鲜羊腿，背着。有人就这样走遍几个盟旗，回家，依然带着一只羊腿。蒙古人诚实，家里有什么，都端出来。客人醉饱，主人才高兴。你要是虚情假意地客气一番，他会生气的。这种风俗的形成，和长期的游牧生活有关。一家子住在大草原上，天苍苍，野茫茫，多见牛羊少见人，他们很盼望来一位远方的客人谈谈说说。一坐下来，先是喝奶茶，吃奶食。奶茶以砖茶熬成，加奶，加盐。这种略带咸味的奶茶香港人大概是喝不惯的，但为蒙古人所不可或缺。奶食有奶皮子、奶豆腐、奶渣子。这时候，外面已经有人动手杀羊了。

蒙古人杀羊极利索。不用什么利刃，就是一把普通的折刀就行了。一会儿的工夫，一只整羊剔剥出来了，羊皮晾在草地上，羊肉已经进了锅。杀了羊，草地上连一滴血都不沾。羊血和内脏喂狗。蒙古狗极高大凶猛，样子怕人，跑起来后爪搭至前爪之前，能追吉普车！

手把羊肉就是白煮的带骨头的大块羊肉。一手攥着，一手用蒙古刀切割着吃。没有什么调料，只有一碗盐水，可以蘸蘸。这样的吃法，要有一点技巧。蒙古人能把一块肉搜剔得非常干净，吃完，只剩下一块雪白的骨头，连一丝肉都留不下。咱们吃了，总要留下一些筋头把脑。蒙古人一看就知道：这不是一个牧民。

吃完手把肉，有时也用羊肉汤煮一点挂面。蒙古人不大吃粮食，他们早午喝奶茶时吃一把炒米，——黄米炒熟了，晚饭有时吃挂面。蒙古人买挂面不是论斤，而是一车一车地买。蒙古人搬家，——转移牧场，总有几辆勒勒车——牛车。牛车上有的装的是毛毯被褥，有一车装的是整车的挂面。蒙古人有时也吃烙饼，牛奶和的，放一点发酵粉，极香软。

我们在达茂旗吃了一次“羊贝子”，羊贝子即全羊。这是招待贵客才设的。整只的羊，在水里煮四十五分钟就上来了。吃羊贝子有一套规矩。全羊趴在一个大盘子里，羊蹄剁掉了，羊头切下来放在羊的颈部，先得由最尊贵的客人，用刀子切下两条一定部位的肉，斜十字搭在羊的脊背上，然后，羊头撤去，其他客人才能拿起刀来各选自己爱吃的部位片切了吃。我们同去的人中有的对羊贝子不敢领教。因为整只的羊才煮四十五分钟，有的地方一刀切下去，会沁出血来。本人则是“照吃不误”。好吃吗？好吃极了！鲜嫩无比，人间至味。蒙古人认为羊肉煮老了不好吃，也不好消化；带一点生，没有关系。

我在新疆吃过哈萨克族的手把肉，肉块切得较小，和面条同煮，吃时用右手抓了羊肉和面条同时入口，风味与内蒙的不同。

京城羊肉 爆烤涮

汪朗

一年一度秋风劲，黄了银杏，红了黄栌。五彩斑斓的北京城，又到了热吃羊肉的时节。

寒意渐浓的晚上，邀上三五好友找一家涮肉馆，煽上一个炭锅，点上两盘羊肉，要上几瓶“小二”，边吃边喝边聊些闲话，其乐也融融。待到微醺时，再多烦心事，也都无影无踪了。这样的环境是很消磨“革命意志”的。几年前，一家刊物要我开个专栏，我始终没应承。主编说，稿子不写吃顿涮羊肉总可以吧。于是几人来到一家深藏在胡同中连洗手间也没有的涮肉馆，先听脑门铿亮的老板白话儿了一阵涮羊肉的起源，接着就是吃涮肉聊闲天。那顿涮羊肉足吃了三个多小时，两个人喝了六七瓶“小二”，其结果，是我开了四年多专栏，写了五十多篇稿子，熬得脑门比那个老板还亮。赔大发了。

按照《本草纲目》的说法，各类肉食中，凡猪肉：苦，微寒，有小毒。羊肉气味：苦，甘，大热，无毒。黄牛肉气味：

甘，温，无毒。由于羊肉属于大热之物，因此过去北京人讲究冬天吃羊肉，像涮锅子，只有立秋之后才应市，过了立春便再没有地方吃了。这也是遵从孔老夫子的谆谆教诲——不时不食。

若非有确凿文字为证，人们很难想象，几十年前，京城百姓的日常肉食中，羊肉居然占据首要地位，其他肉禽之类只是配搭。一九三五年出版的《旧都文物略》对此便有明确记载："饮食习惯，以羊为主，豕助之，鱼又次焉。"曾在北京生活过几十年后来移居上海的邓云乡先生在文章中回忆说，三四十年代时他家住在西城，记得由甘石桥到西单，大街两旁羊肉床子有四五家之多，总多于猪肉铺，其中有一家店名叫中山玉，多少年来他一直不忘这个高雅的店名。羊肉床子就是售卖羊肉的店铺，如今早已成了历史名词。甘石桥到西单路口，公交不过一站多地，当时有这么多羊肉床子，虽不敢说是空前，也算是绝后了。这段路我很熟，四五岁时上的幼儿园就在附近，刚工作时单位也离此不远，印象中除了灵境胡同把口有一家小副食店（还不能确定有羊肉卖），剩下的只有西单菜市场有牛羊肉卖了，而且还不是想买就买。上世纪六七十年代，北京许多商品都要凭证供应，牛羊肉也在其中，而且只供应回民。一般人家想吃羊肉，得经常到肉摊转悠，偶尔赶上免证供应，赶紧排队割上两斤，否则只好望羊兴叹了。好在这段时间只持续了二三十年，不然北京诸多传统羊肉烹制技艺恐怕就要失传了。

京城之中，羊肉吃法多矣。一般家庭常用羊肉包水饺、做西葫芦羊肉馅烫面蒸饺，下汤面，氽丸子，饭馆中有名的吃法是爆烤涮。涮就是涮锅子，烤是烤肉，爆就是葱爆羊肉也作葱炮羊肉。爆烤涮都要用上脑、黄瓜条、大小三岔这些羊身上最肥嫩的部位，所用炊具则全然不同。涮羊肉用大膛的火锅，爆羊肉用大号的平铛，直径有二尺多。烤肉，要用炙子。

葱爆羊肉许多地方都有，做法也不复杂。一般家庭没有平铛，炒菜锅也能将就。将羊肉切薄片，大葱切成马耳段备用，也可加些姜片、蒜片、干辣椒段。锅中下油用旺火烧热，将羊肉入锅快速翻炒，变色后放入葱段等配料继续翻炒片刻，加入盐、酱油、料酒等调味品，待到葱段煸软后，滴上些香油、米醋，迅速起锅。也有在羊肉入锅前先用调料码味儿的。爆羊肉并非京城独有，但是其升级版却是此地原创，名曰炮糊。炮糊，就是葱爆羊肉成熟后，用小火将肉中水分进一步收干，直到外表微糊。炮糊吃起来外酥里软，还有一股淡淡的糊香，越嚼越有味儿，而且放凉后毫无膻气。

据说炮糊的问世，还与当年的鼓书大王刘宝全有关。刘宝全爱吃爆羊肉，每次在前门一带演出，他都要到煤市街的“馅饼周”吃爆羊肉。由于认识他的人很多，不少站在大铛边吃葱炮羊肉的人总爱跟他聊两句，闹得刘先生干看着爆好的羊肉吃不上。伙计只好将羊肉推到火力较小的平铛边上，并不断用铲子轻轻翻动，免得凉了。等到大王和众人寒暄完，葱爆羊肉已然苗条了许多，但是肉质酥嫩，还有一股糊香，比起一般爆羊肉更有味儿。

以后，刘宝全每次都让饭铺照此加工葱爆羊肉，并根据其特点起了个新名字“炮糊”，还推荐给梨园行的许多演员品尝。一来二去，炮糊便成了京城清真餐馆的一道名菜。

不过，如今想吃炮糊已非易事。因为这道菜费时费火，操作难度又大，时间不够，没有糊香，火候过了，又硬又柴，都不行。不少餐馆嫌麻烦，早就从菜单上撤去了这道菜。好在北京牛街还有几家清真馆子有炮糊售卖，前一阵一个家住附近的中学同学专门请我们几人品尝了一下，味道还真不错，只是不清楚和鼓书大王当年吃的炮糊是不是一回事。反正好吃就行了。

北京的烤肉一定要用“炙子”。炙子是一根一根拇指粗细的铁条钉成的圆板，下面烧着大块的劈柴、松木或果木。羊肉切成薄片，由堂倌在大碗里拌好佐料——酱油，香油，料酒，大量的香菜，加一点水，交给顾客，由顾客用长筷子平摊在炙子烤。炙子的铁条之间有小缝，下面的柴烟气可以从缝隙中透上来，使烤肉带着柴木清香，上面的汤卤肉屑又可填入缝中，增加了烤肉的焦香。炙子使用越久，缝隙中的积碳越厚，烤出的肉也越香。过去吃烤肉都是自己烤。因为炙子颇高，食客只能站着烤，或一只脚踩在长凳上，一边大口吃肉，一边喝着白酒，很有点剽悍豪霸之气。

北京烤肉最有名的，是什刹海的烤肉季和宣武门里的烤肉宛。“三年自然灾害”过后，我们家迁居到国会街，离烤肉宛只隔一条马路，因此一家人常去。不过印象中从来没有自己烤过肉，都是服务员代烤，大概是因为顾客太多，炙子总不得空。有时家里来了客人，老头儿便差我去叫上两份烤肉，买上几个烧饼，一顿饭就解决了。所费不过两三元。

邓拓的《燕山夜话》中，有一篇《“烤”字考》，里面有这样一段话：

前几天，一位朋友给我写来一封信，他说：“烤肉宛有齐白石所写的一个招牌，写在一张宣纸上，嵌在镜框子里。文曰：‘清真烤肉宛’。在正文与题名之间，夹注了一行小字（看那地位，当是写完后加进去的），曰：‘诸书无烤字，应人所请，自我作古。’（原无标点）看了，叫人觉得，这老人实在很有意思！因在写信时问了朱德熙，诸书是否真无烤字；并说，此事若告马南邨，可供写一则燕山夜话。前已得德熙回信，云：‘烤字说文所无。广韵、集韵并有燺字，苦浩切，音考，注云：火干。集韵或省作熇，当即烤字。燺又见龙龛手鉴，苦老反，火干也。’烤字连康熙字典也没有，确如白石所说，诸书所无。”

我怀疑这封信是老头儿写给邓拓的，因为他在后来的文章中提到过齐白石给烤肉宛写招牌和向朱德熙询问烤字来源的事情。此事已无从查证。老头儿已走了十多年，邓拓更是在“文革”刚开始便含冤辞世。而《燕山夜话》当年则是“反党反社会主义的大毒草”。了解这段历史的年轻人，恐怕不多。有些事是不能被遗忘的。

切脍

汪曾祺

《论语•乡党》："食不厌精，脍不厌细"，中国的切脍不知始于何时。孔子以"食""脍"对举，可见当时是相当普遍的。北魏贾思勰《齐民要术》提到切脍。唐人特重切脍，杜甫诗屡见。宋代切脍之风亦盛。《东京梦华录•三月一日开金鱼池琼林苑》："多垂钓之士，必于池苑所买牌子，方许捕鱼。游人得鱼，倍其价买之。临水斫脍，以荐芳樽，乃一时佳味也。"元代，关汉卿曾写过《望江亭中秋切脍》。明代切脍，也还是有的，但《金瓶梅》中未提及，很奇怪。《红楼梦》也没有提到。到了近代，很多人对切脍是怎么回事，都茫然了。

脍是什么？杜诗邵注："鲙即今之鱼生、肉生。"更多指鱼生，脍的繁体字是"鲙"，可知。

杜甫《阌乡姜七少府设鲙戏赠长歌》对切脍有较详细的描写。脍要切得极细，"脍不厌细"，杜诗亦云："无声细下飞碎雪。"脍是切片还是切丝呢？段成式《酉阳杂俎•物革》云："进士段硕常识南孝廉者，善斫脍，縠薄丝缕，轻可吹起。"看起来是片和丝都有的。切脍的鱼不能洗。杜诗云："落砧何曾白纸湿”，邵注：“凡作鲙，以灰去血水，用纸以隔之”，大概是隔着一层纸用灰吸去鱼的血水。《齐民要术》：“切鲙不得洗，洗则鲙湿。”加什么佐料？一般是加葱的，杜诗：“有骨已剁觜春葱”。《内则》：“鲙，春用葱，夏用芥”。葱是葱花，不会是葱段。至于下不下盐或酱油，乃至酒、酢，则无从臆测，想来总得有点咸味，不会是淡吃。

切脍今无实物可验。杭州楼外楼解放前有名菜醋鱼带靶。所谓“带靶”，即将活草鱼的脊背上的肉剔下，切成极薄的片，浇好酱油，生吃。我以为这很近乎切脍。我在一九四七年春天曾吃过，极鲜美。这道菜听说现在已经没有了，不知是因为有碍卫生，还是厨师无此手艺了。

日本鱼生我未吃过。北京西四牌楼的朝鲜冷面馆卖过鱼生、肉生。鱼生乃切成一寸见方、厚约二分的鱼片，蘸极辣的作料吃。这与“縠薄丝缕”的切脍似不是一回事。

与切脍有关联的，是“生吃螃蟹活吃虾”。生螃蟹我未吃过，想来一定非常好吃。活虾我可吃得多了。前几年回乡，家乡人知道我爱吃“呛虾”，于是餐餐有呛虾。我们家乡的呛虾是用酒把白虾（青虾不宜生吃）“醉”死了的。解放前杭州楼外楼呛虾，是酒醉而不待其死，活虾盛于大盘中，上覆大碗，上桌揭碗，虾蹦得满桌，客人捉而食之。用广东话说，这才真是“生猛”。听说楼外楼现在也不卖呛虾了，惜哉！

下生蟹活虾一等的，是将虾蟹之属稍加腌制。宁波的梭子蟹是用盐腌过的，醉蟹、醉泥螺、醉蚶子、醉蛏鼻，都是用高粱酒“醉”过的。但这些都还是生的。因此，都很好吃。

我以为醉蟹是天下第一美味。家乡人贻我醉蟹一小坛。有天津客人来，特地为他剁了几只。他吃了一小块，问：“是生的？”就不敢再吃。

“生的”，为什么就不敢吃呢？法国人、俄罗斯人，吃牡蛎，都是生吃。我在纽约南海岸吃过鲜蚌，那绝对是生的，刚打上来的，而且什么作料都不搁，经我要求，服务员才给了一点胡椒粉。好吃吗？好吃极了！

为什么“切脍”、生鱼活虾好吃？曰：存其本味。

我以为“切脍”之风，可以恢复。如果觉得这不卫生，可以仿照纽约南海岸的办法：用“远红外”或什么东西处理一下，这样既不失本味，又无致病之虞。如果这样还觉得硌硬，吞不下，吞下要反出来，那完全是观念上的问题。当然，我也不主张普遍推广，可以满足少数老饕的欲望，“内部发行”。

石斑

我第一次吃石斑鱼是一九四七年，在越南海防一家华侨开的饭馆里。那吃法很别致。一条很大的石斑，红烧，同时上一大盘生的薄荷叶。我仿照邻座人的办法，吃一口石斑鱼，嚼几片薄荷叶。这薄荷可把口中残余的鱼味去掉，再吃第二口，则鱼味常新。这种吃法，国内似没有。越南人爱吃薄荷，华侨饭馆这样的搭配，盖受越南人之影响。

石斑鱼有红斑，青斑——即灰鼠斑。灰鼠斑尤为名贵，清蒸最好。

鳜鱼

可以和石斑相媲美的淡水鱼，其谓鳜鱼乎？张志和《渔父》词："西塞山前白鹭飞，桃花流水鳜鱼肥"，一经品题，身价十倍。我的家乡是水乡，产鱼，而以"鳊、白、鲟"为三大名鱼：

“鲈”是鲈花鱼，即鳜鱼。徐文长以“鲈”字应作“罽”。“罽”是古代的花毯。鲈花鱼身上有黄黑斑点，似“罽”。但“罽”字今人多不识，如果饭馆的菜单上出现这个字，顾客将不知道这是什么东西。鳜鱼肉细，是蒜瓣肉，刺少，清蒸、汆汤、红烧、糖醋皆宜。苏南饭馆做“松鼠鳜鱼”，甚佳。

一九三八年，我在淮安吃过干炸鲈花鱼。活鳜鱼，重三斤，加花刀，在大油锅中炸熟，外皮酥脆，鱼肉白嫩，蘸花椒盐吃，极妙。和我一同吃的有小叔父汪兰生、表弟董受申。汪兰生、董受申都去世多年了。

鲥鱼·刀鱼·鲴鱼

这都是江鱼。

鲥鱼现在卖到两百多块钱一斤，成了走后门送礼的东西，“吃的人不买，买的人不吃”。

刀鱼极鲜、肉极细，但多刺。金圣叹尝以为刀鱼刺多是人生恨事之一。不会吃刀鱼的人是很容易卡到嗓子的。镇江人以刀鱼煮至稀料，用纱布滤去细刺，以做汤、下面，即谓“刀鱼面”，很美。

我在江阴读南菁中学时，常常吃到鲴鱼，学校食堂里常做这东西。在江阴是很便宜的。鲴鱼本名鮠鱼，但今人只叫它鲴鱼。鲴鱼大根也能红烧。但我在中学时吃的鲴鱼都是白烧。后来在汉口的璇宫饭店吃的，也是白烧。鲴鱼肉厚，切块放在碗里，没有吃过的人会以为这是鸡块。鮰鱼几乎无刺，大块入口，吃起来很过瘾，宜于馋而懒的人。或说鮰鱼是吃死人的。江里哪有那么多的死人！鮰鱼吃鱼，是确实的。凡吃鱼的鱼都好吃。鳜鱼也是吃鱼的。养鱼的池塘里是不能有鳜鱼的，见鳜鱼，即捕去。

黄河鲤鱼

我不爱吃鲤鱼，因为肉粗，且有土腥气，但黄河鲤鱼除外。在河南开封吃过黄河鲤鱼，后来在山东水泊梁山下吃过黄河鲤鱼，名不虚传。辨黄河鲤与非黄河鲤，只需看鲤鱼剖开后内膜是白的还是黑的。白色者是真黄河鲤，黑色者是假货。梁山一带人对鲤鱼很重视，酒席上必须有鲤鱼，“无鱼不成席”。婚宴尤不可少。梁山一带人对即将结婚的青年男女，不说是“等着吃你的喜酒”，而说“等着吃你的鱼！”鲤鱼要吃三斤左右的，价也最贵。《水浒传•吴学究说三阮撞筹》中吴用说他“在一个大财主家做门馆教宵，今要来对付十数尾金色鲤鱼，要重十四五斤的”。鲤鱼大到十四五斤，不好吃了，写《水浒》的施耐庵、罗贯中对吃鲤鱼外行。

虎头鲨和昂嗤鱼

虎头鲨和昂嗤鱼原来都是贱鱼，在我的家乡是上不得席的，现在都变得名贵了。

苏州人特别重塘鳢鱼，谈起来眉飞色舞。我到苏州一看：嗐，原来说的是我们那里的虎头鲨。虎头鲨头大而硬，鳞色微紫，有小黑斑，样子很凶恶，而肉极嫩。我们家乡一般用来汆汤，汤里加醋。昂嗤鱼阔嘴有须，背黄腹白，无背鳍，背上有一根硬骨，捏住硬骨，它会“昂嗤昂嗤”地叫。过去也是汆汤、不放醋，汤白如牛乳。近年家乡兴起炒昂嗤鱼片，谓之“炒金奶片”，亦佳。

鳝鱼

淮安人能做全鳝席，一桌子菜，全是鳝鱼。除了烤鳝背、炝虎尾等等名堂，主要的做法一是炒，二是烧。鳝鱼烫熟切丝再炒，叫做“软兜”；生炒叫炒脆鳝。红烧鳝段叫“火烧马鞍桥”，更粗的鳝段叫“闷张飞”。制鳝鱼都要下大量姜蒜，上桌后撒胡椒，不厌其多。

臭鱼掇拾

汪朗

中国百姓对于圣贤之言，一向是有听有不听。合意者，不妨遵行；不合意的呢，另说着。

就拿吃喝来说，孔老夫子有过诸多论述，而人们常常挂在嘴边的只是“食不厌精，脍不厌细”这两句，并尽力贯彻。虽说中国本土的食脍之风早已不复存在，但其他地方仍不妨“细”它一下，比如豆腐。一块豆腐，高明的厨师真能将其切得细如发丝，不断不连，这倒不是炫技，细切的豆腐制作羹汤，确实更为爽滑适口。

至于孔老夫子其他一些饮食指令，后人则未必严格执行了。例如，他曾明确指出：“食饐而餲，鱼馁而肉败，不食。色恶，不食。臭恶，不食。失饪，不食。不时，不食。割不正，不食。”大致意思是，饭食霉烂发臭，鱼和肉腐败，不吃。食品颜色难看，不吃。气味难闻，不吃。烹调不当，不吃。不到该吃的时候，不吃。不按规矩宰割的肉，不吃。这些禁令，后人就不曾全部遵从，而是有所选择，为己所用。就拿某些霉烂发臭的东西来说，今天的人不但照吃不误，还会主动加以创造，不断丰富其品种，由此形成了中国饮食大军中一支风味独特的别动队——臭食。其中主力，便是臭鱼。

国人之嗜臭鱼历史，少说也有两千年。《史记》中关于秦始皇暴薨之事有这样一段记载：“七月丙寅，始皇崩於沙丘平台。丞相斯为上崩在外，恐诸公子及天下有变，乃秘之，不发丧。棺载辒凉车中，故幸宦者参乘，所至上食。百官奏事如故，宦者辄从辒凉车中可其奏事。……会暑，上辒车臭，乃诏从官令车载一石鲍鱼，以乱其臭。”此处所说的鲍鱼，并非今日餐桌上的日本鲍、南非鲍，而是臭咸鱼，唯此物才能“以乱其臭”。而臭鱼能够与始皇帝的专车同行，可以佐证宫廷中是认可这种吃食的，故而此举才不致引起周围人太多怀疑。要是弄上两桶大粪跟在死去老大的后面，虽则乱臭的效果更好，但肯定要露馅儿。嬴政先生敢于焚书坑儒，对于孔老夫子“鱼馁而肉败，不食”的教诲自然也不会太当回事，没事吃上两口臭鱼是完全可能的，但是绝不会以守着粪桶闻味儿为乐，否则也太奇葩了。

到了隋朝，人们已经有意识地制造臭鱼了。那方法在《太平广记》中有颇为详细的记载：“当六月七月盛热之时，取鮸鱼（一种海鱼）长二尺许，去鳞净洗。停二日，待鱼腹胀起，方从口抽去肠，去腮留目，满腹纳盐竟，即以末盐封周遍，厚数寸。经宿，乃以水净洗，日则曝，夜则收还。安平板上，又以板置石压之。明日又晒，夜还压。如此五六日干，即纳干瓷瓮，封口。经二十日出之。”

据说经过这般料理的鮸鱼，“其皮色光彻，有如黄油。肉则如糗，又如沙棋之苏者，微咸而有味。”好好的鲜鱼不吃，非要搁到肚子大了，生出异味，再七荤八素地折腾一番，古人逐臭之志可谓坚矣。从中也可想见，这臭鱼的味道应该不错，否则实在犯不上如此大费周章。

《太平广记》还说，这臭鱼法的发明人是隋炀帝时的会稽人杜济，号称口味使大都督。此人“能别味，善于盐梅，亦古之符郎，今之谢枫也”。谢枫是隋代有名的美食家，曾担任过隋炀帝“尚食直长”，并撰写过一本《食经》，不过已经亡佚，只遗留下只言片语。符郎应为符朗，是前秦国主苻坚的侄子，后来投降东晋，当了个员外散骑侍郎，是当时有名的刁嘴。据说一次他和人吃鹅肉，连哪块肉上原来长的白羽毛，那块肉上是黑毛，都能辨别出来，而且经过验证后竟然毫厘不爽。杜济能和这些人并列，别味的本事自然也是了得。

杜济的“口味使大都督”究竟是什么来头，多高级别，权限多大，是否只能领导锅碗瓢盆？弄不清。隋代的官制中，似乎没有口味使这个职务，大都督的名分虽然挺高，但也非实职，很可能一帮民间人士看到杜先生制臭水平非同一般，于是比照朝廷制度给他封了这么个名号，属于“野鸡大王”之类。当然，也不排除隋炀帝一时心血来潮，挂帅组建了个“口味改良领导小组”，将杜济延入其中，授职口味使，享受大都督待遇。这些都只是臆测，难于查证。因为《太平广记》的这些记载，说是摘自《大业拾遗记》，而现存《大业拾遗记》只是残本，并无这些文字，而且有专家认为存世的《大业拾遗记》乃后人伪作，不是真家伙。因此有关口味使大都督的问题只能是一笔糊涂账。虽则如此，这个杜济也算不错了，好歹还能名垂臭史，让后人知道一千多年前有这么一号人。

可能是操作过于繁琐的缘故，杜济的臭鱼法今天已罕见应用，但是臭鱼在餐桌上出现的频率却越来越高，其中的名角当属源自古徽州的臭鳜鱼，即今天的安徽黄山市。制作臭鳜鱼的关键在于腌制，首先要用新鲜之鳜鱼，去掉鱼鳞及内脏，清洗干净并沥干水分。之后选一木桶，先在木桶底部撒上少许精盐，然后逐一将鱼表面抹上适量的精盐，整齐地放入桶内，一层一层往上码，最后在鳜鱼上面压上重物将其压紧，每天上、下翻动一次，数日后闻到“臭”味时，鳜鱼便可出桶制作菜肴了。

臭鳜鱼是无心插柳的产物。据说早年间扬州有盐商回到徽州老家养老，不能忘怀长江鳜鱼之鲜美，遂雇人从江边将鳜鱼挑运至徽州。当时没有保鲜设备，挑夫虽然事前将鳜鱼用盐腌制，但运至徽州时鱼仍然有些发臭。没想到，这种发臭的鳜鱼经过烹饪，居然有一股独特味道，肉质紧实，臭中带香，让人回味无穷。于是，臭鳜鱼便在徽州推而广之，成为当地一道名菜。

以前，臭鳜鱼只是偏居徽州一隅，在全国并无多大知名度。十多年前，有一多时不见的熟人在京城一家安徽菜馆请客，我因有事，到时菜已点完，主人执意请我补点一菜，我遂问起了臭鳜鱼。在场众人一阵哄笑，说服务员刚才一再推荐这道菜，但人人闻臭色变，敬谢不敏，没想到，最后又给找补回来了。那盘臭鳜鱼，在座各位不过浅尝辄止，最后让我和上初中的女儿包圆儿了，只吃得骨刺毕露，丝肉全无，味道确实不错。那是我第一次接触臭鳜鱼，闺女也是，想不到，这逐臭之癖还可传承。如今，京城的徽菜馆和许多湘菜馆，都有臭鳜鱼，拥趸者也在不断增加，但味道深刻者不多。我吃过最好的臭鳜鱼，是在黄山屯溪。那鳜鱼是与五花肉和辣酱同烧的，味道厚重，香臭比例恰到好处，至今想起口中还能生出津液来。

我最近才知道，山东威海也有吃臭鱼的习俗，只不过所臭之鱼是海鱼。据说若干年前威海的海货极多，渔民一网撒下去，成群海鱼排出的鱼卵能把网眼糊死了。夏天逢到渔获太多，渔民卖不净吃不完，只好将剩下的腌制发酵后收藏，一来二去便弄出了臭海鱼。我曾特意品尝过一次臭海鱼，其臭味之中带些微酸，有些特色，只是肉质发松，缺少层次感。当地人说，最适宜“臭”的海鱼已基本绝迹，只能用次一些的鱼将就，影响了味道。想想也是，若真有“口味改良领导小组”下令将臭鳜鱼改为臭草鱼、臭鲢鱼，也得砸锅。看来，即便弄个臭鱼，也离不开资源最佳配置。

河豚

阅报，江阴有人食河豚中毒，经解救，幸得不死。杨花扑面，节近清明，这使我想起，正是吃河豚的时候了。苏东坡诗：

竹外桃花两三枝，
春江水暖鸭先知。
蒌蒿满地芦芽短，
正是河豚欲上时。

梅圣俞诗：

河豚当此时，
贵不数鱼虾。

宋朝人是很爱吃河豚的，没有真河豚，就用了不知什么东西做出河豚的样子和味道，谓之“假河豚”，聊以过瘾，《东京梦华录》等书都有记载。

江阴当长江入海处不远，产河豚最多，也最好。每年春天，鱼市上有很多河豚卖。河豚的脾气很大，出小木棍捅捅它，它就把肚子鼓起来，再捅，再鼓，终至成了一个圆球。江阴河豚品种极多。我所就读的南菁中学的生物实验室里搜集了各种河豚，浸在装了福尔马林的玻璃器内。有的很大，有的小如金钱龟。颜色也各异，有带青绿色的，有白的，还有紫红的。这样齐全的河豚标本，大概只有江阴的中学才能搜集得到。

河豚有剧毒。我在读高中一年级时，江阴乡下出了一件命案，“谋杀亲夫”。“奸夫”“淫妇”在游街示众后，同时枪决。毒死亲夫的东西，即是一条煮熟的河豚。因为是“花案”，那天街的两旁有很多人鹄立伫观。但是实在没有什么好看，奸夫淫妇都蠢而且丑，奸夫还是个黑脸的麻子。这样的命案，也只能出在江阴。

但是河豚很好吃，江南谚云：“拼死吃河豚”。豁出命去，也要吃，可见其味美。据说整治得法，是不会中毒的。我的几个同学都曾约定请我上家里吃一次河豚，说是“保证不会出问题”。江阴正街上有一饭馆，是卖河豚的。这家饭馆有一块祖传的木板，刷印保单，内容是如果在他家铺里吃河豚中毒致死，主人可以偿命。

河豚之毒在肝脏、生殖腺和血，这些可以小心地去掉。这种办法有例可援，即“洁本金瓶梅”是。

我在江阴读书两年，竟未吃过河豚。至今引为憾事。

河豚记忆

吃河豚是会毒死人的。五十年前我上小学时，就知道了这个真理。

上世纪六十年代初，北京几个大菜市场的水产柜台，都贴着一张花花绿绿的招贴画，上面印有几条怪模怪样的河豚彩照，还用大号字告诫人们，此鱼含有剧毒，万万不可食用，否则会有生命之虞。北京人过去从不知河豚为何物，只认黄花鱼和带鱼，但当时供应困难，一户人家每月只能凭证买到斤把二指宽的带鱼，因此见到河豚没准会拿来解馋，好歹也是个荤腥。当局为避免不测，遂加强科普教育，也算用心良苦。

那年头，还有一样毒性堪比河豚的东西，就是个人主义。据说，若任其泛滥，不但害人害己，还要亡党亡国。所以要学雷锋。我们中学一个老师在自我批评时，检讨自己曾认为个人主义是臭豆腐，闻着臭吃着香，结果在“文革”中被打得死去活来，罪名就是借批判之名宣扬个人主义，毒害下一代。

以后渐渐明白，河豚处理得法还是能吃的，而且味道甚美。我们家老头儿便深明此理。当年他曾在江阴南菁中学读书，江阴是出河豚吃河豚的地方，有一家专做河豚的饭馆还贴出告示：若在此吃河豚而死，店家甘愿一命抵一命，让食客放心。他的几个同学都说过要带他吃一次河豚，可惜均未实现。此事让他一直念念于心。七十五岁时，他写了三首回忆江阴生活的短诗，其中一首的题目便是《河豚》："鲴鱼脆鳝味无伦，酒重百花清且纯。六十年来余一恨，不曾拼死吃河豚。"遗憾了六十年的事情只是没吃过河豚，境界未免不高。

拼死吃河豚的典范是苏轼，此事有书为证。据《邵氏闻见后录》记载："经筵官员会食资善堂，东坡盛称河豚之美。吕元明问其味，曰：'直那一死。'再会，又称猪肉之美。范淳甫曰："奈发风何？"东坡笑曰：'淳甫诬告猪肉。'"资善堂是太子读书的地方，吕元明（原明）即吕希哲，是宰相吕蒙正的后人。吕氏一族七代为官，比今天的官二代牛得多。范淳甫即范祖禹，他曾十多年协助司马光撰写《资治通鉴》，是知名的史学家。这些人给皇上、太子上完课，吃工作餐时聊聊各自心中的美食，也是可能的。

东坡先生还曾多次将河豚写入诗篇，最为人知的是《惠崇春江晚景》："竹外桃花三两枝，春江水暖鸭先知。蒌蒿满地芦芽短，正是河豚欲上时。"据宋人笔记记载，当时人们吃河豚要配以蒌蒿、芦芽和白菜，如此味道更佳。也有的说蒌蒿、芦芽与河豚同食，具有解毒功效。可见苏轼确实了解吃河豚的要诀。东坡先生在饮食上一向少有框框，就像其文学创作一样。北宋饮食重羊轻猪，认为吃猪肉会引发风疾，东坡先生不但照吃不误，还写诗对猪肉大将褒扬，并注明烹制要点。这等做派，世间少有。如果有人写一写苏轼的饮食观与其文学成就的关系，一定有看头。

吃猪肉未必引发风疾，吃河豚弄不好则确实会毒死人。因此，预备解毒药便成了一件大事。据医书记载，常用的河豚解毒药有橄榄、青蔗、芦根、槐花等，还有一种是金汁，也叫粪清。其原料和制作工艺就不多说了，比较硌硬。有兴趣者可以上网查看。由于出处独特，除了事态万般紧急，人们一般都不用此药。

清代徐柯编纂的《清稗类钞》中，有一则吃河豚误服粪清的轶事："常州蒋用庵御史与四友同饮于徐兆潢家。徐精饮馔，烹河豚尤佳，因置酒，请食河豚。诸客虽贪其味美，各举箸大啖，而心不能无疑。中有一张姓者，忽倒地，口吐白沫，噤不能声。主人与群客皆以为中河豚毒矣，乃速购粪清灌之，张犹未醒。客大惧，皆曰：'宁可服药于毒未发之前。'乃各饮粪清一杯。良久，张苏，群客告以解救之事，张曰：'仆向有羊角风之疾，不时举发，非中河豚毒也。'于是五人深悔无故而尝粪，且呕，狂笑不止。"这顿河豚吃的是相当的有滋味。

不过，现在吃河豚一般不会有此遭遇了。科学研究发现，河豚之毒主要来自其食物，如果在人工养殖时对饲料严加控制，并辅以其他措施，便可保证河豚无毒。如今国内餐桌上见到的河豚，就是这类养殖产品，保证安全。不过也有人认为，养殖河豚的味道远不及野生的鲜美。不知这是真的，还是因为少了某些刺激。例如龚清。

我有幸吃过一次野生河豚。那是一九九五年五月，报社派我到江苏采访，一天中午路过张家港一个小镇时，接待方提议在此尝尝河豚。当时一般饭馆严禁野生河豚入馔，以防中毒，此地因烹制得法，方获特批。有此机会，我自然欣然从命，虽然心里有些忐忑。河豚是红烧的，稠稠糊糊，满满一盆。报社驻江苏记者先夹了一块，说是河豚最美部位，让我尝尝。这东西柔软细腻，吃时口腔舌头有些麻酥酥的感觉。就在我品尝其味时，他却一声不出，直勾勾地盯着我，好一阵才恢复常态，对着河豚大啖特啖。过后这位仁兄透露，让我吃的是河豚肝，味道虽美，毒性也最大。他推荐之后随即后悔，生怕出事，又不便明言，只好静观变化，看我没有口吐白沫后才放心开吃。好嘛，这小子拿我当小白鼠试毒了。还好，我没有羊角风并当场发作。

如今，河豚已然可吃，个人主义的毒性似乎也不那么厉害了。群众的合理利益诉求，已成为执政者需要认真关注的重大事项。当然，某些有权有势者“私欲膨胀”问题，还需严加整治，否则这个世界就难有和谐稳定。

干丝

汪曾祺

南京、镇江、扬州、高邮、淮安都有干丝。发源地我想是扬州。这是淮扬菜系的代表作之一，很多菜谱都著录。但其实这不是“菜”。干丝不是下饭的，是佐茶的。

扬州一带人有吃早茶的习惯。人说扬州人“早上皮包水，晚上水包皮”。“水包皮”是洗澡，“皮包水”是喝茶。“扬八属”各县都有许多茶馆。上茶馆不只是喝茶，是要吃包子点心的。这有点像广东的“饮茶”。不过广东的茶楼是由服务员（过去叫“伙计”）推着小车，内置包点，由茶客手指索要，扬州的茶馆是由客人一次点齐，陆续搬上。包点是现做现蒸。总得等一些时候，一般上茶馆的大都要一个干丝。一边喝茶，吃干丝，既消磨时间，也调动胃口。

一种特制的豆腐干，较大而方，用薄刃快刀片成薄片，再切为细丝，这便是干丝。讲究一块豆腐干要片十六片，切丝细如马尾，一根不断。最初似只有烫干丝。干丝在开水锅中烫后，滗去水，在碗里堆成宝塔状，浇以麻油、好酱油、醋，即可下箸。过去盛干丝的碗是特制的，白地青花，碗足稍高，碗腹较深，敞口，这样拌起干丝来好拌。现在则是一只普通的大碗了。我父亲常带了一包五香花生米，搓去外皮，携青蒜一把，嘱堂倌切寸段，稍烫一烫，与干丝同拌，别有滋味。这大概是他的发明。干丝喷香，茶泡两开正好，吃一箸干丝，喝半杯茶，很美！扬州人喝茶爱喝“双拼”，倾龙井、香片各一包，入壶同泡，殊不足取。总算还好，没有把乌龙茶和龙井搀和在一起。

煮干丝不知起于何时，用小虾米吊汤，投干丝入锅，下火腿丝、鸡丝，煮至入味，即可上桌。不嫌夺味，亦可加冬菇丝。有冬笋的季节，可加冬笋丝。总之烫干丝味要清纯，煮干丝则不妨浓厚。但也不能搁螃蟹、蛤蜊、海蛎子、蛏，那样就是喧宾夺主，吃不出干丝的味了。

北京没有适于切干丝的豆腐干。偶有“大白干”，质地松泡，切丝易断。不得已，以高碑店豆腐片代之，细切下扬州方干一菜，但要选片薄而有韧性者。这道菜已经成了我偶设家宴的保留节目。

美籍华人女作者聂华苓和她的丈夫保罗•安格尔来北京，指名要在我家吃一顿饭，由我亲自做。我给她配了几个菜。几个什么菜，我已经忘了，只记得有一大碗煮干丝。华苓吃得淋漓尽致，最后端起碗来把剩余的汤汁都喝了。华苓是湖北人，年轻时是吃过煮干丝的。但在美国不易吃到。美国有广东馆子、四川馆子、湖南馆子，但淮扬馆子似很少。我做这个菜是有意逗引她的故国乡情！我那道煮干丝自己也感觉不错，是用干贝吊的汤。前已说过，煮干丝不厌浓厚。

菌小谱

汪曾祺

南方的很多地方把冬菇叫香蕈（xùn）。长江以北似不产冬菇。

我小时候常随祖母到观音庵去。祖母吃长斋，杀生日都在庵中过。素席上总有一道菜：香蕈饺子。香蕈汤一大碗先上桌，素馅饺子油炸至酥脆，倾入汤，刺啦一声，香蕈香气四溢，味殊不恶。这种做法近似口蘑锅巴，只是口蘑锅巴的汤是荤汤。香蕈饺子如用荤汤，当更味重，但饺子似宜仍用素馅，取其有蔬笋气，不压冬菇香味。

冬菇当以凉水发，方能保持香气。如以热水发，味减。

冬菇干制，可以致远。吃过鲜冬菇的人不多。我在井冈山吃过，大井山上有一个五保户老妈妈，生产队特批她砍倒一棵椴树生冬菇。冬菇源源不绝地生长。房东老邹隔两三天就为我们去买半篮。以茶油炒，鲜嫩腴美，不可名状。或以少许腊肉同炒，更香。鲜菇之外，青菜汤一碗，辣腐乳一小碟。红米饭三碗，顷刻下肚，意犹未足。

我在昆明住过七年，离开已四十年，不忘昆明的菌子。

雨季一到，诸菌皆出，空气里一片菌子气味。无论贫富，都能吃到菌子。

常见的是牛肝菌、青头菌。牛肝菌菌盖正面色如牛肝。其特点是背面无菌褶，是平的，只有无数小孔，因此菌肉很厚，可切成片，宜于炒食。入口滑细，极鲜。炒牛肝菌要加大量蒜薄片，否则吃了会头晕。菌香、蒜香扑鼻，直入脏腑，逗人食欲。牛肝菌价极廉，青头菌稍贵。青头菌菌盖正面微带苍绿色，菌褶雪白，烩或炒，宜放盐，用酱油颜色就不好看了。或以为青头菌格韵较高，但也有人偏嗜牛肝菌，以其滋味较为强烈浓厚。

最名贵是鸡㙡，鸡㙡之名甚奇怪。“㙡”字别处少见。为什么叫“鸡㙡”，众说不一。这东西生长地方也奇怪，生在田野间的白蚁窝上。为什么专长在白蚁窝上，这道理连专家也没弄明白。鸡㙡菌菌盖小而菌把粗长，吃的主要便是形似鸡大腿的菌把。鸡㙡是菌中之王。味道如何？真难比方。可以说这是植物鸡。味正似当年的肥母鸡，但鸡肉粗而菌肉细腻，且鸡肉无此特殊的菌子香气。昆明甬道街有一家不大的云南馆子，制鸡㙡极有名。

菌子里味道最深刻（请恕我用了这样一个怪字眼）、样子最难看的，是干巴菌。这东西像一个被踩破的马蜂窝，颜色如半干牛粪，乱七八糟，当中还夹杂了许多松毛、草茎，择起来很费事。择出来也没有大片，只是螃蟹小腿肉粗细的丝丝。洗净后，与肥瘦相间的猪肉、青辣椒同炒，入口细嚼，半天说不出话来。干巴菌是菌子，但有陈年宣威火腿香味、宁波油浸糟白鱼鲞香味、苏州风鸡香味、南京鸭胗肝香味，且杂有松毛清香气味。干巴菌晾干，加辣椒同腌，可以久藏，味与鲜时无异。

样子最好看的是鸡油菌。个个正圆，银元大，嫩黄色，但据说不好吃。干巴菌和鸡油菌，一个中吃不中看，一个中看不中吃！

未有人工培养的“洋蘑菇”之前，北京菜市偶尔有鲜蘑卖，是野生的，大概是柳蘑。肉片烩鲜蘑是一道时菜。五芳斋（旧在东安市场内）烩鲜蘑制作精细，无土腥气。但柳蘑没有多大吃头，只是吃个新鲜而已。

口蘑不像冬菇一样可以人工种植。口蘑生长的秘密，好像到现在还没有揭开。口蘑长在草原上。很怪，只长在“蘑菇圈”上。草原上往往有一个相当大的圆圈，正圆，圈上的草长得特别绿，绿得发黑，这就是蘑菇圈。九月间，雨晴之后，天气潮闷，这是出蘑菇的时候。远远一看，蘑菇圈是固定的。今年这里出蘑菇，明年还出。蘑菇圈的成因，谁也说不明白。有人说这地方曾扎过蒙古包，蒙古人把吃剩的羊骨头、羊肉汤倒在蒙古包的周围，这一圈土特别肥沃，故草色浓绿，长蘑菇。这是想当然耳。有人曾挖取蘑菇圈的土，移之室内，布入口蘑菌丝，希望获得人工驯化的口蘑，没有成功。

口蘑品类颇多。我曾在张家口沙岭子农业科学研究所画过一套《口蘑图谱》，皆以实物置之案前摹写（口蘑颜色差别不大，皆为灰白色，只是形体有异，只需用钢笔蘸炭黑墨水描摹即可，不着色，亦为考虑印制方便故），自信对口蘑略有认识。口蘑主要的品种有：

黑蘑。菌褶棕黑色，此为最常见者。菌行称之为“黑片蘑”，价贱，但口蘑味仍甚浓。北京涮羊肉锅子中、浇豆腐脑的羊肉卤中及“炸丸子开锅”的铜锅里，所放的都是黑片蘑。“炸丸子开锅”所放的只是口蘑渣，无整只者。

白蘑。白蘑较小（黑蘑有大如碗口的），菌盖、菌褶都是白色。白蘑味极鲜。我曾在沽源采到一枚白蘑做了一大碗汤，全家人喝了，都说比鸡汤还鲜。那是“三年困难”时期，若是现在，恐怕就不能那样香美了。

鸡腿子。菌把粗长，近根部鼓起，状如鸡腿。

青腿子。形状似鸡腿子，但微绿。干制后亦是灰白色，几与鸡腿子无异。

鸡腿子、青腿子很少见，即张家口口蘑庄号中也不易买到。

此外还有“庙自行”“蘑菇丁”……那都是商号巧立名目，其实不是特别的品种。

口蘑采得，即须穿线晾干，否则极易生蛆。口蘑干制后方有香味。我吃过自采的鲜口蘑，一点也不香，这也很奇怪。发口蘑当用开水。至少须发一夜。口蘑发胀后，将水滗出，这就是口蘑汤。口蘑菌褶中有沙，不可用手搓洗。以手搓，则沙永远不能清除，吃起来会牙碜。只能把发过的口蘑放入大碗中，满注清水，用筷子像打鸡蛋似的反复打。泥沙沉底后，换水再打。大约得换三四次水，打上千下，至碗内不复再有泥沙后，再用手指抠去泥根。

口蘑宜重荤大油（制素什锦一般只用香菇，少有用口蘑者）。《老残游记》提到口蘑炖鸭，自是佳品。我曾在沽源吃过口蘑羊肉哨子（“哨”字我始终不知该怎么写）蘸莜面，三者相得益彰，为平生难忘的一次口福。在呼和浩特一家饭馆吃过一盘炒口蘑，极滑润，油皆透入口蘑片中，盖以慢火炒成，虽名为炒，实是油焖。即口蘑煨南豆腐，亦须荤汤，方出味。

湖南极重菌油。秋凉时，长沙饭馆多卖菌油豆腐、菌油面，味道很好，但不知是何种菌耳。

中国种植“洋蘑菇”的历史不久。最初引进的是平蘑，即圆蘑菇。这东西种起来也很简单，但要花一笔“基本建设”的钱。马粪、铡细的稻草，拌匀，即为培养基土，装入无盖的木箱中，布入菌丝，一箱一箱逐层置在木架上，用不了几天，就会出蘑。平蘑在室内栽培，露地不能生长。室内须保持一定的湿度和温度。平蘑生长甚快。我在沙岭子农科所画口蘑谱，在蘑菇房外面的一间小办公室里。我在外面画，它在里面长。我画完一张，进去看看，每只木箱中都已经长出白白的一层蘑菇。平蘑一茬接一茬，每天可采。

春节加菜：新采未开伞的平蘑切成薄片，加大量蒜黄、瘦猪肉同炒，一大盘，很解馋。平蘑片炒蒜黄，各种菜谱皆未载。这种搭配是很好的。平蘑要现采的，罐头平蘑不中吃。

北京近年菜市上平蘑少，但有大量的凤尾菇。乍出时，北京人觉得很新鲜，现在有点卖不动了。看来北京郊区洋蘑菇生产有点过剩了。

大白菜畅想

汪朗

霜降过后，寒气渐浓，北京又到了冬储大白菜上市的时候。

比起二十多年前，如今人们冬季可吃的蔬菜要多得多，但京城还是有不少人家此时要买上几棵白菜，小心翼翼地用报纸包好，存放在楼道或是阳台，慢慢取食。大白菜集中上市时价格便宜，一斤只需两三毛钱，过了这个时候很快就涨到块儿八毛了。不过，人们成批购买大白菜，主要还不是图便宜，而是一种习惯。作为“当家菜”，大白菜曾经伴随京城人家度过多少漫长的寒冬，让人难以忘怀。

五十多年前，北京城有两样东西，年年都要引发争购盛况。一个是白薯，一个是白菜。这两样东西上市时间都很短，过了这个村就没这个店了。卖白薯是粮店的事儿，大卡车从地里直接运来，找块空地卸下，售货员从店里推出一个大号磅秤，就地开卖。一斤粮票可以买五斤白薯，一般人家少说也要买上几十斤，主要不为尝鲜而是填饱肚子，五斤白薯能码一堆，似乎总要比一斤窝头顶饿。大白菜呢，则由副食店负责，场面更加宏大。每到冬储菜上市，商店外的白菜就堆成了小山，买菜的人能排出几十米，售货员忙不过来，还要从街道机关抽人帮忙。买白菜，也得用大号磅秤，上面还要铺一块厚木板，因为一般人家起码要买上一两百斤，三五百斤的也有，有了这几百斤白菜，再配些萝卜、土豆，吃一个冬天就差不多了。

买白菜，也有限制。白菜快收获时，政府要根据预测的产量和市民总数公布每人可以买的数量，还要规定其中一级菜多少斤、二三级菜各多少斤，实在操心得很。因为年年气候不同，白菜的长势也不一样。最后如有剩余，还可以增加一些供应，不过此时一般只有二三级菜了。一二三级菜的划分标准，主要看菜心所占比例，到了三级菜，已经没什么菜心，只能剁吧剁吧做馅儿。

“三年自然灾害”时期，不少机关也要储存大白菜。因为供应奇缺，若无这些白菜垫底，食堂只好卖腌萝卜了。我母亲工作的新华社，就找了块空地挖了个菜窖，足有两个篮球场大，上面铺着草帘子，门口还挂着厚厚的棉帘，生怕把菜冻了。我当时上小学，十分淘气，曾偷偷溜进菜窖巡视过多次，里面倒还暖和，就是有一股子白菜帮子的气味。外人很难想象，堂堂国家通讯社，当年还有这号重点工程。

北京冬储大白菜的习俗，古已有之。元代的欧阳玄曾写过十二首《渔家傲》，逐月描述元大都时期北京市民一年的生活。其中一首是：“十月都人家百蓄，霜菘雪韭冰芦菔。暖炕煤炉香豆熟。燔獐鹿，高昌家赛羊头福。貂袖豹袪银鼠襮，美人往来毡车续。花户油窗通晓旭。回寒燠，梅花一夜开金屋。”从中可以看出，到了农历十月，京城百姓的第一要务就是准备冬菜，有经了霜的大白菜（霜菘），有经过雪压的韭黄（雪韭）。北京过去在冬天以马粪掺加园土，覆盖在韭菜根上，可以保持韭菜不受冻，上面又有积雪，十分湿润，因而长出的韭黄独具风味。还有萝卜（芦菔）。有了这些冬菜，便可以烧起暖炕，点燃煤炉，全家人在一起吃着炒熟的豆子，说着闲话，其乐也融融。这些冬菜中，韭黄价格昂贵，非一般人家所能问津，萝卜储藏久了容易糠，吃起来像嚼棉花套子，因此大白菜排在了第一位。

据《新元史》记载，欧阳玄，字原功，是欧阳修的后代，元延祐年间考中进士，从此进入官场，直到八十五岁才在大都去世。欧阳玄除了当过几年地方官外，大部分时间都在朝廷负责文书起草和教育工作，“历官四十余年，两为祭酒，六入翰林，三拜承旨，两知贡举及读卷官。朝廷高文典册，多出玄手”。由于在文字上有两把刷子，欧阳玄颇得圣上眷顾，几乎年年都有额外赏赐，死后还被“赠崇仁昭德推忠守正功臣、大司徒、柱国，追封楚国公，谥曰文”。

欧阳玄起草过哪些高文典册，不太好辨别，因为这些玩意儿都是以领导名义发表的。倒是他所创作的十二首《渔家傲》收入自己的文集中，成为后人了解元大都时期北京人生活起居的资料。据欧阳玄自述，这十二首《渔家傲》写于元至顺三年即公元一三三二年，由此算来，北京人冬储大白菜的历史起码有七百年左右。霜菘泽及京城百姓，久矣。

明代北京的大白菜已很有些名气。李时珍在《本草纲目》中便说过：“菘有二种，一种茎圆厚微青，一种茎扁薄而白。其叶皆淡青白色。燕、赵、辽阳、扬州所种者，最肥大而厚，一本有重十余斤者。南方之菘畦内过冬，北方者多入窖内。燕京圃人又以马粪入窖壅培，不见风日，长出苗叶皆嫩黄色，脆美无滓，谓之黄芽菜，豪贵意为嘉品，盖亦仿韭黄之法也。”

李时珍虽然博学，但对于黄芽菜的由来却不甚清楚。北方的菜窖是大白菜的“客房”，而非其“产房”，没听说谁在里面用马粪捂出黄芽菜的。还是《光绪顺天府志》说得比较准确：“黄芽菜为菘之最晚者，茎直心黄，紧束如卷，今土人专称为白菜。蔬食甘而腴，作咸齑尤美。”

明末清初时的一帮顶级老饕，如张岱、李渔、袁枚等人，对于大白菜也都给予了极高评价。李笠翁在《闲情偶寄》中说：“菜类甚多，其杰出者则数黄芽。此菜萃于京师，而产于安肃，谓之‘安肃菜’，此第一品也。每株大者可数斤，食之可忘肉味。”安肃即今天河北徐水县。不过，徐水名气最大的不是白菜，而是一九五八年大跃进时连连放出的“高产卫星”，其中包括“小麦亩产十二万斤，白菜一棵五百斤，皮棉亩产五千斤，山药亩产一百二十万斤”。一棵白菜如许大，足可以喂大象。只可惜，徐水和全国各地的高产卫星放出的只是“三年自然灾害”，闹得机关大院炼完钢铁还得挖菜窖。所幸还有些白菜可吃。

京城百姓，白菜一吃几百年，花样也是越来越多。一棵白菜在手，可生可熟，可荤可素，可菹可酱……各种吃法都有杰作。

以生吃为例，其经典作品为芥末墩儿。将大白菜去掉老帮，整棵横放，切成约三厘米高的圆墩状，用沸水烫一下，码入坛中，摆一层白菜墩，放一层芥末糊和白糖，最后淋上米醋，捂严，一两天即成。细说起来，做芥末墩儿也有颇多讲究。只能用菜心部位的下半截，这样口感才好。白菜墩儿切好之后，还要用马莲草拦腰绑上一道，以防加工时散架。所用芥末，要先放入碗中用温水澥开，静置一段时间，将上面的浮水倒掉，以除去其苦味，之后再将芥末置于煤炉或灶台附近，用热度慢慢将其冲味儿逼出来。上等的芥末墩儿，味道酸、甜、辣而爽口，芥末的冲味儿要穿透鼻腔直达脑门。据说，当年梅兰芳大师的餐桌上便常有芥末墩儿，又据说，芥末墩儿以老舍先生家所做最为地道。这倒完全有可能，老舍是旗人，而芥末墩儿本来就是满族入关后带到北京的。至今，东北各地仍将芥末墩儿列为满族特色菜。不过，如今想在饭馆吃到像样的芥末墩，难。

如今京城百姓过冬已不再靠大白菜“当家”，中国的外国的时鲜蔬菜能有几十种。那五百斤一棵的大白菜，就让它呆在该呆的地方吧。

昆明菜

汪曾祺

我这篇东西是写给外地人看的，不是写给昆明人看的。和昆明人谈昆明菜，岂不成了笑话！其实不如说是写给我自己看的。我离开昆明整四十年了，对昆明菜一直不能忘。

昆明菜是有特点的。昆明菜——云南菜不属于中国的八大菜系。很多人以为昆明菜接近四川菜，其实并不一样。四川菜的特点是麻、辣。多数四川菜都要放郫县豆瓣、泡辣椒，而且放大量的花椒，——必得是川椒。中国很多省的人都爱吃辣，如湖南、江西，但像四川人那样爱吃花椒的地方不多。重庆有很多小面馆，门面的白墙上多用黑漆涂写三个大字“麻、辣、烫”，老远的就看得见。昆明菜不像四川菜那样既辣且麻。大抵四川菜多浓厚强烈，而昆明菜则比较清淡纯和。四川菜调料复杂，昆明菜重本味。比较一下怪味鸡和汽锅鸡，便知二者区别所在。

汽锅鸡

中国人很会吃鸡。广东的盐鸡，四川的怪味鸡，常熟的叫花鸡，山东的炸八块，湖南的东安鸡，德州的扒鸡……如果全国各种做法的鸡来一次大奖赛，哪一种鸡该拿金牌？我以为应该是昆明的汽锅鸡。

是什么人想出了这种非常独特的吃法？估计起来，先得有汽锅，然后才有汽锅鸡。汽锅以建水所制者最佳。现在全国出陶器的地方都能造汽锅，如江苏的宜兴。但我觉得用别处出的汽锅蒸出来的鸡，都不如用建水汽锅做出的有味。这也许是我的偏见。汽锅既出在建水，那么，昆明的汽锅鸡也可能是从建水传来的吧？

原来在正义路近金碧路的路西有一家专卖汽锅鸡。这家不知有没有店号，进门处挂了一块匾，上书四个大字："培养正气"。因此大家就径称这家饭馆为"培养正气"。过去昆明人一说："今天我们培养一下正气"，听话的人就明白是去吃汽锅鸡。"培养正气"的鸡特别鲜嫩，而且屡试不爽。没有哪一次去吃了，会说"今天的鸡差点事"！所以能永远保持质量，据说他家用的鸡都是武定肥鸡。鸡瘦则肉柴，肥则无味。独武定鸡极肥而有味。揭盖之后：汤清如水，而鸡香扑鼻。

听说"培养正气"已经没有了。昆明饭馆里卖的汽锅鸡已经不是当年的味道，因为用的不是武定鸡，什么鸡都有。

恢复"培养正气"，重新选用武定鸡，该不是难事吧？

昆明的白斩鸡也极好。玉溪街卖馄饨的摊子的铜锅上搁一个细铁条篦子，上面都放两三只肥白的熟鸡。随要，即可切一小盘。昆明人管白斩鸡叫"凉鸡"。我们常常去吃，喝一点酒，因为是坐在一张长板凳上吃的，有一个同学为这种做法起了一个名目，叫“坐失（食）良（凉）机（鸡）”。玉溪街卖的鸡据说是玉溪鸡。

华山南路与武成路交界处从前有一家馆子叫“映时春”，做油淋鸡极佳。大块鸡生炸，十二寸的大盘，高高地堆了一盘。蘸花椒盐吃。二十几岁的小伙子，七八个人，人得三五块，顷刻瓷盘见底矣。如此吃鸡，平生一快。

昆明旧有卖爊鸡杂的，挎腰圆食盒，串街唤卖。鸡肫鸡肝皆用篾条穿成一串，如北京的糖葫芦。鸡肠子盘紧如素鸡，买时旋切片。耐嚼，极有味，而价甚廉，为佐茶下酒妙品。估计昆明这样的小吃已经没有了。曾与老昆明谈起，全似孟元老《东京梦华录》中所记了也。

火腿

云南宣威火腿与浙江金华火腿齐名，难分高下。金华火腿知道的人多，有许多品级。比较著名的是“雪舫蒋腿”。更高级的，以竹叶熏成的，谓之“竹叶腿”。宣威火腿似没有这么多讲究，只是笼统地叫做火腿。火腿出在宣威，据说宣威家家腌制，而集中销售地则在昆明。正义路牌坊东侧原来有一家火腿庄，除了卖整只、零切的火腿，还卖火腿骨、火腿油。上海卖金华火腿的南货店有时卖“火腿脚爪”，单卖火腿油，却没有听说过。火腿骨熬汤，火腿油炖豆腐，想来一定很好吃。

火腿作为提味的配料时多，单吃，似只有一种吃法，蒸熟了切片。从前有蜜炙火腿，不知好吃否。金华火腿按部位分油头、上腰、中腰，——再以下便是脚爪。昆明人吃火腿特重小腿至肘棒的那一部分，谓之“金钱片腿”，因为切开作圆形，当中是精肉，周围是肥肉，带着一圈薄皮。大西门外有一家本地饭馆，不大，很不整洁，但是菜品不少，金钱片腿是必备的。因为赶马的马锅头最爱吃这道菜，——这家饭馆的主要顾客是马锅头。马锅头兄弟一进门，别的菜还没有要，先叫：“切一盘金钱片腿！”

一道昆明菜，不是以火腿为主料，但离开火腿却不成的，是“锅贴乌鱼”。这是东月楼的名菜。乃以乌鱼两片（乌鱼必活杀，鱼片须旋批），中夹兼肥带瘦的火腿一片，在平底铛上，以文火烙成，不加任何别的作料。鲜嫩香美，不可名状。

东月楼在护国路，是一家地道的昆明老馆子。除锅贴乌鱼外，尚有酱鸡腿，也极好。听说东月楼现在也没有了。

昆明吉庆祥的火腿月饼甚佳。今年中秋，北京运到一批，买来一尝，滋味犹似当年。

牛肉

我一辈子没有吃过昆明那样好的牛肉。

昆明的牛肉馆的特别处是只卖牛肉一样——外带米饭、酒，不卖别的菜肴。这样的牛肉馆，据我所知，有三家。有一家在大西门外凤翥街，因为离西南联大很近，我们常去。我是由这家“学会”吃牛肉的。一家在小东门。而以小西门外马家牛肉馆为最大。楼上楼下，几十张桌子。牛肉馆的牛肉是分门别类地卖的。最常见的是汤片和冷片。白牛肉切薄片，浇滚烫的清汤，为汤片。冷片也是同样旋切的薄片，但整齐地码在盘子里，蘸甜酱油吃（甜酱油为昆明所特有）。汤片、冷片皆极酥软，而不散碎。听说切汤片冷片的肉是整个一边牛蒸熟了的，我有点不相信：哪里有这样大的蒸笼，这样大的锅呢？但切片的牛肉确是很大的大块的。牛肉这样酥软，火候是要很足。有人告诉我，得蒸（或煮？）一整夜。其次是“红烧”。“红烧”不是别的地方加了酱油焖煮的红烧牛肉，也是清汤的，不过大概牛肉曾用红染过，故肉呈胭脂红色。“红烧”是切成小块的。这不用牛身上的“好”肉，如胸肉腿肉，带一些“筋头巴脑”，和汤、冷片相较，别是一种滋味。还有几种牛身上的特别部位，也分开卖。却都有代用的别名，不“会”吃的人听不懂，不知道这是什么东西。如牛肚叫“领肝”；牛舌叫“撩青”。很多地方卖舌头都讳言“舌”字，因为“舌”与“蚀”同音。无锡陆稿荐卖猪舌改叫“赚头”。广东饭馆把牛舌叫“牛脷”其实本是“牛利”，只是加了一肉月偏旁，以示这是肉食。这都是反“蚀”之意而用之，讨个吉利。把舌头叫成“撩青”，别处没有听说过。稍想一下，是有道理的。牛吃青草，都是用舌头撩进嘴里的。这一别称很形象，但是太费解了。牛肉馆还有牛大筋卖。我有一次同一个女同学去吃马家牛肉馆，她问我：“这是什么？”我实在不好回答。我在昆明吃过不少次牛大筋，只是因为它好吃，不是为了壮阳。“领肝”“撩青”“大筋”都是带汤的。牛肉馆不卖炒菜。上牛肉馆其实主要是来喝汤的——汤好。

昆明牛肉馆用的牛都是小黄牛，老牛、废牛是不用的。

吃一次牛肉馆是花不了多少钱的，比一般小饭馆便宜，也好吃，实惠。

马家牛肉馆常有人托一搪瓷茶盘来卖小菜，藠头、腌蒜、腌姜、糟辣椒……有七八样。两三分钱即可买一小碟，极开胃。

马家牛肉店不知还有没有？如果没有了，就太可惜了。

昆明还有牛干巴，乃将牛肉切成长条，腌制晾干。小饭馆有炒牛干巴卖。这东西据说生吃也行。马锅头上路，总要带牛干巴，用刀削成薄片，酒饭均宜。

蒸菜

昆明尚食蒸菜。正义路原来有一家。蒸鸡、蒸骨、蒸肉，都放在直径不到半尺的小蒸笼中蒸熟。小笼层层相叠，几十笼为一摞，一口大蒸锅上蒸着好几摞。蒸菜都酥烂，蒸鸡连骨头都能嚼碎。蒸菜有衬底。别处蒸菜衬底多为红薯、洋芋、白萝卜，昆明蒸菜的衬底却是皂角仁。皂角仁我是认识的。我们那里的少女绣花，常用小瓷碟蒸十数个皂角仁，用来“光”绒，取其滑润，并增光泽。我没有想到这东西能吃，且好吃。样子也好看，莹洁如玉。这么多的蒸菜，得用多少皂角仁，得多少皂角才能剥出这样多的仁呢？玉溪街里有一家也卖蒸菜。这家所卖蒸菜中有一色rang小瓜：小南瓜，挖出瓤，塞入肉蒸熟，很别致。很多地方都有rang菜，rang冬瓜，rang茄子，都是塞肉蒸熟的菜。rang不知道怎么写，一般字典查不到这个字。或写成“酿”，则音义都不对。我们到北京后曾做过rang小瓜，终不似玉溪街的味道。大概这家因为是和许多其他蒸菜摆在一起蒸的，鸡、骨、肉的蒸气透入蒸小瓜的笼，故小瓜里的肉有瓜香，而包肉的瓜则带鲜味。单rang一瓜，不能腴美。

诸菌

有朋友到昆明开会，我告诉他到昆明一定要吃吃菌子。他住在一旧交家里，把所有的菌子都吃了。回北京见到我，说：“真是好！”

鸡纵为菌中之王。甬道街有一家专做鸡纵的馆子。这家还卖苦菜汤，是熬在一口大锅里，非常便宜，好吃。外省人说昆明有三怪：姑娘叫老太，芥菜叫苦菜。听昆明人说苦菜不是芥菜，别是一种。

前月有一直住在昆明的老同学来，说鸡纵出在富民。有一次他们开会，从富民拉了一汽车鸡纵来，吃得不亦乐乎。鸡纵各处皆有，富民可能出得多一些。

青头菌、牛肝菌、干巴菌、鸡油菌，我在别的文章里已写过，不重复。昆明诸菌总宜鲜吃。鸡㙡可制成油鸡㙡，干巴菌可晾成干，可致远，然而风味减矣。

乳扇·乳饼

乳扇是晾干的奶皮子，乳饼即奶豆腐。这种奶制品我颇怀疑是元朝的蒙古兵传入云南的。然而蒙古人的奶制品只是用来佐奶茶，云南则作为菜肴。这两样其实只能“吃着玩”，不下饭的。

炒鸡蛋

炒鸡蛋天下皆有。昆明的炒鸡蛋特泡。一颠翻面，两颠出锅，动锅不动铲。趁热上桌，鲜亮喷香，逗人食欲。

番茄炒鸡蛋，番茄炒至断生，仍有清香，不疲软，鸡蛋成大块，不发死。番茄与鸡蛋相杂，颜色仍分明，不像北方的西红柿炒鸡蛋，炒得“一塌糊涂”。

映时春有雪花蛋，乃以鸡蛋清、温熟猪油于小火上，不住地搅拌，猪油与蛋清相入，油蛋交融。嫩如鱼脑，洁白而有亮光。入口即已到喉，齿舌都来不及辨别是何滋味，真是一绝。另有桂花蛋，则以蛋黄以同法制成。雪花蛋、桂花蛋上都撒了一层瘦火腿末，但不宜多，多则掩盖鸡蛋香味。鸡蛋这样的做法，他处未见。我在北京曾用此法做一盘菜待客，吹牛说“这是昆明做法”。客人尝后，连说“不错！不错！”且到处宣传。其实我做出的既不是雪花蛋，也不是桂花蛋，简直有点像山东的“假螃蟹”了！

炒青菜

袁子才《随园食单》指出：炒青菜须用荤油，炒荤菜当用素油，很有道理。昆明炒青菜都用猪油。昆明的青菜炒得好，因为：菜新鲜，油多，火爆，慎用酱油，起锅时一般不烹水或烹水极少，不盖锅（饭馆里炒青菜多不盖锅），或盖锅时间甚短。这样炒出来的青菜不失菜味，且不变色，视之犹如从园中初摘出来的一样。

菜花昆明叫椰花菜。北京炒菜花先以水焯过，再炒。这样就不如干脆加水煮成奶油菜花汤了。昆明炒椰花菜皆生炒，脆而不艮，干干净净。如加火腿，尤妙。

炒苞谷只有昆明有。每年北京嫩玉米上市时，我都买一些回来抠出玉米粒加瘦肉末炒了吃。有亲戚朋友来，觉得很奇怪：“玉米能做菜？”尝了两筷子，都说“好吃”。炒苞谷做法简单，在北京的一个很小的范围内已经推广。有一个西南联大的校友请几个老同学上家里聚一聚，特别声明：“今天有一道昆明菜！”端上来，是炒苞谷。苞谷既老，放了太多的肉，大量酱油，还加了很多水咕嘟了！我跟他说：“你这样的炒苞谷，能把昆明人气死。”

临离昆明前我和朱德熙在一家饭馆里吃了一盘肉炒菠菜，当时叫绝，至今不忘。菠菜极嫩（北京人爱吃长成小树一样的菠菜，真不可解），油极大，火甚匀，味极鲜。炒菠菜要尽量少动铲子。频频翻锅，菠菜就会发黑，且有涩味。

黑芥·韭菜花·茄子酢

昆明谓黑大头菜为黑芥。袁子才以为大头菜偏宜肉炒，很对。大头菜得肉，香味才能发出。我们有时几个人在昆明饭馆里吃饭，一看菜不够了，就赶紧添叫一盘黑芥炒肉。一则这个菜来得快；二则极下饭，且经吃。

韭菜花出曲靖。名为韭菜花，其实主料是切得极细晾干的萝卜丝。这是中国咸菜里的“神品”。这一味小菜按说不用多少成本，但价钱却颇贵，想是因为腌制很费工。昆明人家也有自己腌韭菜花的。这种韭菜花和北京吃涮羊肉作调料的韭菜花不是一回事，北京人万勿误会。

茄子酢是茄子切细丝，风干，封缸，发酵而成。我很怀疑这属于古代的菹。菹，郭沫若以为可能是泡菜。《说文解字》“菹”字下注云：“酢菜也”，我觉得可能就是茄子酢一类的东西。中国以酢为名的小菜别处也有，湖南有“酢辣子”。古书里凡从酉的字都跟酒有点关系。茄子酢和酢辣子都是经过酒化了的，吃起来带酒香。

韭菜花

汪曾祺

五代杨凝式是由唐代的颜柳欧褚到宋四家苏黄米蔡之间的一个过渡人物。我很喜欢他的字，尤其是《韭花帖》。不但字写得好，文章也极有风致。文不长，录如下：

昼寝乍兴，朝饥正甚，忽蒙简翰，猥赐盘飧。当一叶报秋之初，乃韭花逞味之始。助其肥羜（zhu音柱）实谓珍羞。充腹之余，铭肌载切，谨修状陈谢，伏维鉴察，谨状。

七月十一日凝式状

使我兴奋的是：

一、韭花见于法帖，此为第一次，也许是唯一的一次。此帖即以“韭花”名，且文字完整，全篇可读，读之如今人语，至为亲切。我读书少，觉韭花见之于“文学作品”，这也是头一回。韭菜花这样的虽说极平常，但极有味的东西，是应该出现在文学作品里的。

二、杨凝式是梁、唐、晋、汉、周五朝元老，官至太子太保，是个“高干”，但是收到朋友赠送的一点韭菜花，却是那样的感激，正儿八经地写了一封信（杨凝式多作草书，黄山谷说：“谁知洛阳杨风子，下笔便到乌丝阑。”《韭花帖》却是行楷），这使我们想到这位太保在口味上和老百姓的离脱不大。彼时亲友之间的馈赠，也不过是韭菜花这样的东西。今天，恐怕是不行的了。

三、这韭菜花不知道是怎样做成的，是清炒的，还是腌制的？但是看起来是配着羊肉一起吃的。“助其肥羜”，“羜”是出生五个月的小羊，杨凝式所吃的未必真是五个月的羊羔子，只是因为《诗•小雅•伐木》有“既有肥羜”的成句，就借用了吧。但是以韭花与羊肉同食，却是可以肯定的。北京现在吃涮羊肉，缺不了韭菜花，或以为这办法来自蒙古或西域回族，原来中国五代时已经有了。杨凝式是陕西人，以韭菜花蘸羊肉吃，盖始于中国西北诸省。

北京的韭菜花是腌了后磨碎了的，带汁。除了是吃涮羊肉必不可少的调料外，就这样单独地当咸菜吃也是可以的。熬一锅虾米皮大白菜，佐以一碟韭菜花，或臭豆腐，或卤虾酱，就着窝头、贴饼子，在北京的小家户，就是一顿不错的饭食。从前在科班里学戏，给饭吃，但没有菜。韭菜花、青椒糊、酱油，拿开水在大木桶里一沏，这就是菜。韭菜花很便宜，拿一只空碗，到油盐店去，三分钱、五分钱，售货员就能拿铁勺子舀给你多半勺。

现在都改成用玻璃瓶装，不卖零，一瓶要一块多钱，很贵了。

过去有钱的人家自己腌韭菜花，以韭花和沙果、京白梨一同治为碎齑，那就很讲究了。云南的韭菜花和北方的不一样。昆明韭菜花和曲靖韭菜花不同。昆明韭菜花是用酱腌的，加了很多辣子。曲靖韭菜花是白色的，乃以韭花和切得极细的、风干了的萝卜丝同腌成，很香，味道不很咸而有一股说不出来淡淡的甜昧。曲靖韭菜花装在一个浅白色的茶叶筒似的陶罐里。凡到曲靖的，都要带几罐送人。我常以为曲靖韭菜花是中国咸菜里的“神品”。

我的家乡是不懂得把韭菜花腌了来吃的，只是在韭花还是骨朵儿，尚未开放时，连同掐得动的嫩薹，切为寸段，加瘦猪肉，炒了吃，这是“时菜”，过了那几天，菜薹老了，就没法吃了，作虾饼，以爆炒的韭菜骨朵儿衬底，美不可言。

豆汁儿

没有喝过豆汁儿，不算到过北京。

小时看京剧《豆汁记》（即《鸿鸾禧》，又名《金玉奴》，一名《棒打薄情郎》），不知“豆汁”为何物，以为即是豆腐浆。

到了北京，北京的老同学请我吃了烤鸭、烤肉、涮羊肉，问我：“你敢不敢喝豆汁儿？”我是个“有毛的不吃掸子，有腿的不吃板凳，大荤不吃死人，小荤不吃苍蝇”的，喝豆汁儿，有什么不“敢”？他带我去到一家小吃店，要了两碗，警告我说：“喝不了，就别喝。有很多人喝了一口就吐了。”我端起碗来，几口就喝完了。我那同学问：“怎么样？”我说：“再来一碗。”

豆汁儿是制造绿豆粉丝的下脚料，很便宜。过去卖生豆汁儿的，用小车推一个有盖的木桶，串背街、胡同。不用“唤头”（招徕顾客的响器），也不吆唤。因为每天串到哪里，大都有准时候。到时候，就有女人提了一个什么容器出来买。有了豆汁儿，这天吃窝头就可以不用熬稀粥了。这是贫民食物。《豆汁记》的金玉奴的父亲金松是“杆儿上的”（叫花头），所以家里有吃剩的豆汁儿，可以给莫稽盛一碗。

卖熟豆汁儿的，在街边支一个摊子。一口铜锅，锅里一锅豆汁，用小火熬着。熬豆汁儿只能用小火，火大了，豆汁儿一翻大泡，就“澥”了。豆汁儿摊上备有辣咸菜丝——水疙瘩切细丝浇辣椒油、烧饼、焦圈——类似油条，但作成圆圈，焦脆。卖力气的，走到摊边坐下，要几套烧饼焦圈，来两碗豆汁儿，就一点辣咸菜，就是一顿饭。

豆汁儿摊上的咸菜是不算钱的。有保定老乡坐下，掏出两个馒头，问“豆汁儿多少钱一碗”，卖豆汁儿的告诉他，“咸菜呢？”——“咸菜不要钱。”——“那给我来一碟咸菜。”

常喝豆汁儿，会上瘾。北京的穷人喝豆汁儿，有的阔人家也爱喝。梅兰芳家有一个时候，每天下午到外面端一锅豆汁儿，全家大小，一人喝一碗。豆汁儿是什么味儿？这可真没法说。这东西是绿豆发了酵的，有股子酸味。不爱喝的说是像泔水，酸臭。爱喝的说：别的东西不能有这个味儿——酸香！这就跟臭豆腐和“起司”一样，有人爱，有人不爱。

豆汁儿沉底，干糊糊的，是麻豆腐。羊尾巴油炒麻豆腐，加几个青豆嘴儿（刚出芽的青豆），极香。这家这天炒麻豆腐，煮饭时得多量一碗米，——每人的胃口都开了。

贴秋膘

汪曾祺

人到夏天，没有什么胃口，饭食清淡简单，芝麻酱面（过水，抓一把黄瓜丝，浇点花椒油）；烙两张葱花饼，熬点绿豆稀粥……两三个月下来，体重大都要减少一点。秋风一起，胃口大开，想吃点好的，增加一点营养，补偿补偿夏天的损失，北方人谓之“贴秋膘”。

北京人所谓“贴秋膘”有特殊的含意，即吃烤肉。

烤肉大概源于少数民族的吃法。日本人称烤羊肉为“成吉思汗料理”（青木正《中华腌菜谱》里提到），似乎这是蒙古人的东西。但我看《元朝秘史》，并没有看到烤肉。

成吉思汗当然是吃羊肉的，“秘史”里几次提到他到了一个什么地方，吃了一只“双母乳的羊羔”。羊羔而是“双母乳”（两只母羊喂奶）的，想必十分肥嫩。一顿吃一只羊羔，这食量是够可以的。但似乎只是白煮，即便是烤，也会是整只的烤，不会像北京的烤肉一样。如果是北京的烤肉，他吃起来大概也不耐烦，觉得不过瘾。我去过内蒙几次，也没有在草原上吃过烤肉。

那么，这是不是蒙古料理，颇可存疑。北京卖烤肉的，都是回民馆子。“烤肉宛”原来有齐白石写的一块小匾，写得明白：“清真烤肉宛”，这块匾是写在宣纸上的，嵌在镜框里，字写得很好，后面还加了两行注脚：“诸书无烤字，应人所请自我作古。”我曾写信问过语言文字学家朱德熙，是不是古代没有“烤”字，德熙复信说古代字书上确实没有这个字。看来“烤”字是近代人造出来的字了。这是不是回民的吃法？我到过回民集中的兰州，到过新疆的乌鲁木齐、伊犁、吐鲁番，都没有见到如北京烤肉一样的烤肉。烤羊肉串是到处有的，但那是另外一种。北京的烤肉起源于何时，原是哪个民族的，已不可考。反正它已经在北京生根落户，成了北京“三烤”（烤肉，烤鸭，烤白薯）之一，是“北京吃儿”的代表作了。

北京烤肉是在“炙子”上烤的。“炙子”是一根一根铁条钉成的圆板，下面烧着大块的劈材，松木或果木。羊肉切成薄片（也有烤牛肉的，少），由堂倌在大碗里拌好佐料——酱油，香油，料酒，大量的香菜，加一点水，交给顾客，由顾客用长筷子平摊在炙子上烤。“炙子”的铁条之间有小缝，下面的柴烟火气可以从缝隙中透上来，不但整个“炙子”受火均匀，而且使烤着的肉带柴木清香；上面的汤卤肉屑又可填入缝中，增加了烤炙的焦香。过去吃烤肉都是自己烤。因为炙子颇高，只能站着烤，或一只脚踩在长凳上。大火烤着，外面的衣裳穿不住，大都脱得只穿一件衬衫。足蹬长凳，解衣磅礴，一边大口地吃肉，一边喝白酒，很有点剽悍豪霸之气。满屋子都是烤炙的肉香，这气氛就能使人增加三分胃口。平常食量，吃一斤烤肉，问题不大。吃斤半、二斤、二斤半的，有的是。自己烤，嫩一点，焦一点，可以随意。而且烤本身就是个乐趣。

北京烤肉有名的三家：烤肉季，烤肉宛，烤肉刘。烤肉宛在宣武门里，我住在国会街时，几步就到了，常去。有时懒得去等炙子（因为顾客多，炙子常不得空），就派一个孩子带个饭盒烤一饭盒，买几个烧饼，一家子一顿饭，就解决了。烤肉宛去吃过的名人很多。除了齐白石写的一块匾，还有张大千写的一块。梅兰芳题了一首诗，记得第一句是“宛家烤肉旧驰名”，字和诗当然是许姬传代笔。烤肉季在什刹海，烤肉刘在虎坊桥。

从前北京人有到野地里吃烤肉的风气。玉渊潭就是个吃烤肉的地方。一边看看野景，一边吃着烤肉，别是一番滋味。听玉渊潭附近的老住户说，过去一到秋天，老远就闻到烤肉香味。

北京现在还能吃到烤肉，但都改成由服务员代烤了端上来，那就没劲了。我没有去过。内蒙也有“贴秋膘”的说法，我在呼和浩特就听到过。不过似乎只是汉族干部或说汉语的蒙族干部这样说。蒙语有没有这说法，不知道。呼市的干部很愿意秋天“下去”考察工作或调查材料。别人就会说：“哪里是去考察、调查，是去‘贴秋膘’去了。”呼市干部所说“贴秋膘”是说下去吃羊肉去了。但不是去吃烤肉，而是去吃手把羊肉。到了草原，少不了要吃几顿羊肉。有客人来，杀一只羊，这在牧民实在不算

什么。关于手把羊肉，我曾写过一篇文章，收入《蒲桥集》，兹不重述。那篇文章漏了一句很重要的话，即羊肉要秋天吃才好，大概要到阴历九月，羊才上膘，才肥。羊上了膘，人才可以去“贴”。

过三秋与秋膘

汪朗

今年立秋当天，按照老北京的习俗，扎扎实实地贴了一次秋膘。地点，在新东安市场的东来顺。

对于这类节令食俗，我虽略知一二，但生性疏懒，很少实行。比如，北京人过去一入伏天，便要适当丰厚饮食，增进体力，讲究什么“头伏饺子二伏面，三伏烙饼摊鸡蛋”。我们家虽然也吃饺子也吃面，但往往赶不到正点儿上。

进入二伏的前两天，曾在家中认认真真做了一次炸酱。肉是现买的三肥七瘦的精肉，没用肉馅凑合，将肉切成细丁慢慢煸炒，出油后再加入黄酱和适量甜面酱，用慢火炸透，还掺入了切碎的海米和高邮茶干。炸出的酱味道不错，只是做法有些不合规矩。按照早年间老北京吃货的说法，炸酱的主角就是肉和酱，最多可以添加少量切碎的金钩即海米，香姑丁也还能将就，至丁花生米、豆腐干、榨菜末之类的材料是不得入内的，会串味儿。不过，我此番炸酱的主要目的就是消费积存的茶干，明知有这些说道还是要背道而行，反正这也不能算违法。食色之中，不正宗与

不正经，性质全然不同，民警操心的是后一类问题。

据唐鲁孙先生说，老北京炸酱，也有不用肉丁纯用金钩的，另是一个味儿。另一位久在京城后来同样移居台湾的白铁铮先生，还提到过一种炸羊肉茄子酱，做法是把茄子切成小丁晒得半干，羊肉和冬菇也切成小丁，先用香油把茄丁炸透，然后将羊肉、香菇丁下锅一起煸炒，放入黄酱，加葱花再煸，之后点一点儿水，用小火焙十多分钟就好了。据说用其拌面，也非常好吃，但我没试过。这应该是清真做法。

不过，我的这个炸酱面真正吃到嘴里，已经是进入二伏后的

两三天了。该吃面的正日子，根本没想起来这档事。好在二伏过后吃面，并没有杀头的罪过，炸酱也不会因此就成了毒药，将就吧。这些跟着节令走的吃喝说道，其实不过是人们过穷日子时想要改善伙食的借口，如今日子好了，饺子、面条、烙饼这些吃食已非稀罕之物，尽可以随时招呼。唐朝的宰相裴度有言：“鸡鸭鱼蒜，逢着便吃，生老病死，时至即行”，说得实在潇洒。生活本该就是这样，无需刻意遵从什么规矩，把自己框死。因此，除了“头伏饺子二伏面”，我对于老北京长期沿袭的“立秋贴秋膘”之类的食俗，也很少当回事，从未上赶着贴上一贴。

今年的情况有所不同。设这个“贴秋膘”饭局的是戴爱群先生，在京城美食家中有一号，认识不少名厨，跟着他常常能品尝到真正的美味。更诱人的是，饭前还有一场厨艺展示，由东来顺的陈立新师傅现场表演羊肉片的传统切法，这可是难得一见的场面。我虽然知道过去切涮羊肉片，要先拿冰块将羊肉压紧冻实，然后按照上脑、大三叉、小三叉、黄瓜条、磨档等部位分别奏刀，每个部位切出羊肉片外观口感均有不同，但是看过陈师傅现场操作后，这些书本上得来的知识才有了真实感。其中种种门道，戴先生将有专文介绍，就不多说了。

陈立新先生不到六十，看上去十分儒雅，颇有大师范儿。他一九七一年进入东来顺跟师傅学习切涮羊肉片，至今已有四十多年，是东来顺名副其实的头把刀，北京市非遗技艺传承人。一斤羊肉在他的刀下，能变成近百片肉片，红白相间，厚薄如一，看着就舒服。那天原说只请陈师傅切一盘肉，展示一下传统技艺，拍几张照片，没想到他的兴致很高，一口气把几个部位的羊肉全都切了一盘，这可便宜了我们几个馋人，随即在锅中涮将起来。不吃不知道，用传统技法手切的羊肉片，入口后的感觉确实不一般，又紧实又细嫩，羊肉的香味也更饱满，机器切的羊肉片简直没法比。我这才明白，当年东来顺的涮羊肉红遍京城绝非浪得虚名，其中确实大有门道。陈师傅说，现在完全按照传统工艺切制涮羊肉片的饭馆极少，太麻烦，他虽然在各地带了二十多个徒弟，但也主要是切鲜羊肉片。此次戴先生要写一本介绍各菜系精品菜肴的书，托了关系才请到陈师傅演示传统刀工。如此绝技几成广陵散，惜哉！

这顿涮羊肉虽然堪称极品，不过却非“贴秋膘”的正宗吃食。北京人过去十分注重“不时不食”，涮锅子必须等到八月十五才能上餐桌，立秋贴秋膘则要吃烤肉。北京的烤肉和时下流行的烧烤不同，要用特制的炙子，以松木柏枝或是松塔为燃料，取其清香。当年的文人雅士，立秋当天还喜欢到陶然亭、玉渊潭等空旷之处，架起炙子，吃着烤肉，饮酒吟诗，欣赏野景，酒足饭饱之后，方尽兴而归。不过这都是清末民初时的事情了，如今这些地方已无野景可看，只能看看楼房，露天烧烤更属于违规，会招来城管。再有，现在的人能喝两瓶酒的甚多，能吟几句诗的寥寥，再到野外吃烤肉也只是吃货大腾挪，没了文酒之会的味道。

烤肉的主要原料也是羊肉，所用部位和所需刀工都和涮肉差不多，但早年间若是有人刚到立秋，不吃烤肉径直煽起锅子，便是坏了规矩。也不知道，这规矩是什么时候由什么人立下的。

明末太监刘若愚在《酌中志》中，记载了宫中入伏和立秋时的一些习俗：“（六月）初六日，皇史宬、古今通集库、銮驾库晒晾。吃过水面，嚼银苗菜，即藕之新嫩秧也。初伏日造曲，惟以白面用绿豆黄加料和成晒之。立秋之日，戴楸叶，吃莲藕，晒伏姜，赏茉莉、栀子、兰芙蓉等花。先帝（即天启帝朱由校）好鲜莲子汤，又好用鲜西瓜种微加盐焙用之。”《酌中志》对于宫中饮食习俗的记录十分详细，比如三月二十八这一天非年非节，只是到东岳庙进香的日子，即便如此宫中也要改善伙食，要“吃烧笋鹅、吃凉饼，糯米面蒸熟，加糖、碎芝麻，即糍巴也。吃雄猪腰子，大者一对可值五、六分（银子），传云食之补虚损也。”可是立秋之日，宫里添加的吃食只有莲藕，并无肥厚之物。由此看来，当时大约还没有“贴秋膘”的概念。

清代让廉所著《京都风俗志》中，倒是有“贴秋膘”的说法，并可看出是由“贴伏膘”衍生而来的：“伏日，人家有食盛馔异于平日者，谓之贴伏膘。或以此日起有舍冰者，或有煎苏叶、藿香叶、甘草等汤，于市中舍之，谓之暑汤。立秋日，人家亦有丰食者，谓之贴秋膘。亦有人以大秤称人，记其轻重，或以为有益于人。”大秤称人的做法有点怪异，大概是想测量一下这个膘到底贴上去没有，和现在人们要过秤检查去膘效果一个道理。根据让廉的自述，《京都风俗志》作于光绪己亥年仲春，即公元1899年。也就是说115年前，京城的贴秋膘“丰食”即可，并无具体要求。贴秋膘吃烤肉的规矩，应该是此后才有的。

那天在东来顺，戴先生特意点了一盘烤肉，以表明还懂得贴秋膘的规矩。那烤肉的味道虽不错，但一干人等的筷子，还是更多伸向了陈师傅切的几盘涮肉，因为味道更好。由此想到，贴秋膘吃烤肉之类的说道，只是为了给人们的生活增添些乐趣，并非万古不易之金科玉律，懂得变通之道，方能遍尝美味。吃喝之外事，亦应如是观。

春蘭兮秋菊長無絕兮終古

賀 政道校友六十壽辰

西南聯大校友會

汪曾祺畫

萝卜

杨花萝卜即北京的小水萝卜。因为是杨花飞舞时上市卖的，我的家乡名之曰："杨花萝卜"。这个名称很富于季节感。我家不远处的街口一家茶食店的屋下有一岁数大的女人摆一个小摊子，卖供孩子食用的便宜的零吃。杨花萝卜下来的时候，卖萝卜。萝卜一把一把地码着。她不时用炊帚洒一点水，萝卜总是鲜红的。给她一个铜板，她就用小刀切下三四根萝卜。萝卜极鲜嫩，有甜味，富水分。自离家乡后，我没有吃过这样好吃的萝卜。或者不如说自我长大后没有吃过这样好吃的萝卜。小时候吃的东西都是最好吃的。

除了生嚼，杨花萝卜也能拌萝卜丝。萝卜斜切的薄片，再切为细丝，加酱油、醋、香油略拌，撒一点青蒜，极开胃。小孩子的顺口溜唱道：

人之初，鼻涕拖；
油炒饭，拌萝卜。（我的家乡称萝卜为萝菠）

油炒饭加一点葱花，在农村算是美食，所以拌萝卜丝一碟，吃起来是很香的。

萝卜丝与细切的海蛰皮同拌，在我的家乡是上酒席的，与香干拌荠菜、盐水虾、松花蛋同为凉碟。

北京的拍水萝卜也不错，但宜少入白糖。

北京人用水萝卜切片，氽羊肉汤，味鲜而清淡。

烧小萝卜，来北京前我没有吃过（我的家乡杨花萝卜没有熟吃的），很好。有一位台湾女作家来北京，要我亲自做一顿饭请她吃。我给她做了几个菜，其中一个是烧小萝卜。她吃了赞不绝口。那当然是不难吃的：那两天正是小萝卜最好吃的时候，都长足了，但还很嫩，不糠；而且是用干贝烧的。她说台湾没有这种小萝卜。

我们家乡有一种穿心红萝卜，粗如黄酒盏，长可三四寸，外皮深紫红色，里面的肉有放射形的紫红纹，紫白相间，若是横切开来，正如中药里的槟榔片（卖时都是直切），当中一线贯通，色极深，故名穿心红。卖穿心红萝卜的挑担，与山芋（番薯）同卖，山芋切厚片。都是生吃。

紫萝卜不大，大的如一个大衣口子，扁圆形，皮色乌紫。据说这是五倍子染的。看来不是本色。因为它掉色，吃了，嘴唇牙肉也是乌紫乌紫的。里面的肉却是嫩白的。这种萝卜非本地所产，产在泰州。每年秋末，就有泰州人来卖紫萝卜，都是女的，挎一个柳条篮子，沿街吆喝：“紫萝——卜！”

我在淮安时，第一回吃到青萝卜。曾在淮安中学借读过一个学期，一到星期日，就买了七八个青萝卜，一堆花生，几个同学，尽情吃一顿。后来我到天津吃过青萝卜，觉得淮安青萝卜比天津的好。大抵一种东西第一回吃，总是最好的。

天津吃萝卜是一种风气。五十年代初，我到天津，一个同学的父亲请我们到天华景听曲艺。座位之前有一溜长案，摆得满满的，除了茶壶茶碗，瓜子花生米碟子，还有几大盘切成薄片的青萝卜。听“玩艺儿”吃萝卜，此风为别处所无。天津谚云：“吃了萝卜喝热茶，气得大夫满街爬。”吃萝卜喝茶，此风别处所无。

心里美萝卜是北京特色。一九四八年冬天，我到了北京，街头巷尾，每听到吆喝：“哎——萝卜，赛梨来——辣来换……”声音高亮辽远。看来在北京做小买卖的，都得有条好嗓子。卖“萝卜赛梨”的，萝卜都是一个一个挑选过的，用手指头一弹，当当的；一刀切下去，咔嚓咔嚓的响。

我在张家口沙岭子劳动，曾参加过收获心里美萝卜。张家口土质于萝卜相宜，心里美皆甚大。收萝卜时是可以随便吃的。和我收萝卜的农业工人取出一个萝卜，看一看，不怎么样的，随手就扔进大堆。一看，这个不错，往地下一扔，叭嚓，裂成了几瓣，“行！”于是各拿一块啃起来，甜，脆，多汁，难以名状。他们说：“吃萝卜，讲究吃‘棒打萝卜’。”

张家口的白萝卜也很大。我参加过张家口地区农业展览会的布置工作，送展的白萝卜都特大。白萝卜有象牙白和露八分。露八分即八分露出土面，露出土面部分外皮淡绿色。

我的家乡无此大白萝卜，只是粗如小儿手臂而已。家乡吃萝卜只是红烧，或素烧，或与臀尖肉同烧。

江南人特重白萝卜炖汤，常与排骨或猪肉同炖。白萝卜耐久炖，久则出味。或入淡菜，味尤厚。沙汀《淘金记》写那幺吵吵每天用牙巴骨炖白萝卜，吃得一家脸上都是油光光的。天天吃是不行的，隔几天吃一次，想亦不恶。

四川人用白萝卜炖牛肉，甚佳。

扬州人、广东人制萝卜丝饼，极妙。北京东华门大街曾有外地人制萝卜丝饼，生意极好。此人后来不见了。

北京人炒萝卜条，是家常下饭菜。或入酱炒，则为南方人所不喜。

白萝卜最能消食通气。我们在湖南体验生活，有位领导同志，接连五天大便不通，吃了各种药都不见效，憋得他难受得不行。后来生吃了几个大白萝卜，一下子畅通了。奇效如此，若非亲见，很难相信。

萝卜是腌制咸菜的重要原料。我们那里，几乎家家都要腌萝卜干。腌萝卜干的是红皮圆萝卜。切萝卜时全家大小一起动手。孩子切萝卜，觉得这个一定很甜，尝一瓣，甜，就放在一边，自己吃。切一天萝卜，每个孩子独自里都装了不少。萝卜干盐渍后须在芦席上摊晒，水气干后，入缸，压紧，封实，一两个月后取食。我们那里说在商店学徒（学生意）要“吃三年萝卜干饭”，意谓油水少也。学徒不到三年零一节，不满师，吃饭须自觉，筷子不能往荤菜盘里伸。

扬州一带酱园里卖萝卜头，乃甜面酱所腌，口感甚佳。孩子们爱吃，一半也因为它的形状很好玩，圆圆的，比一个鸽子蛋略大。此北地所无，天源、六必居都没有。

北京有小酱萝卜，佐粥甚佳。大腌萝卜咸得发苦，不好吃。

四川泡菜什么萝卜都可以泡，红萝卜、白萝卜。

湖南桑植卖泡萝卜。走几步，就有个卖泡萝卜的摊子。萝卜切成大片，泡在广口玻璃瓶里，给毛把钱即可得一片，边走边吃。峨眉山道边也有卖泡萝卜的，一面涂了一层稀酱。

萝卜原产中国，所以中国的为最好。有春萝卜、夏萝卜、秋萝卜、冬萝卜、四季萝卜，一年到头都有。可生食、煮食、腌制。萝卜所惠于中国人者亦大矣。美国有小红萝卜，大如元宵，皮色鲜红可爱，吃起来则淡而无味。异域得此，聊胜于无。爱伦堡小说写几个艺术家吃奶油蘸萝卜，喝伏特加，不知是不是这种红心萝卜。我在爱荷华韩国人开的菜铺的仓库看到一堆心里美，大喜。买回来一吃，味道满不对，形似而已。日本人爱吃萝卜，好像是煮熟蘸酱吃的。

故乡的野菜

汪曾祺

荠菜。荠菜是野菜，但在我家乡是可以上席的。我们那里，一般的酒席，开头都有八个凉碟，在客人入席前即已摆好，通常是火腿、变蛋（松花蛋）、风鸡、酱鸭、油爆虾（或呛虾），蚶子（是从外面运来的，我们那里不产）、咸鸭蛋之类。若是春天，就会有两样应时凉拌小菜：杨花萝卜（即北京的小水萝卜）切细丝拌海蜇，和拌荠菜。荠菜焯过，碎切，和香干细丁同拌，加姜米，浇以麻酱油醋，或用虾米，或不用，均可。这道菜常团成宝塔形，临吃推倒，拌均。拌荠菜总是受欢迎的，吃个新鲜。凡野菜，都有一种园种的蔬菜所缺少的清香。

荠菜大都是凉拌，炒荠菜很少人吃。荠菜可包春卷，包圆子（汤团）。江南人用荠菜包馄饨，亦作“大馄饨”。我们那里没有用荠菜包馄饨的。我们那里的面店中所卖的馄饨都是纯肉馅的馄饨，即江南所说的“小馄饨”。没有“大馄饨”。我在北京的一家有名的家庭餐馆吃过这一家的一道名菜：翡翠蛋羹。一个汤碗里一边是蛋羹，一边是荠菜，一边嫩黄，一边碧绿，绝不混淆，吃时搅在一起。这种讲究的吃法，我们家乡没有。

枸杞头。春天的早晨，尤其是下了一场小雨之后，就可听到叫卖枸杞头的声音。卖枸杞头的多是附近村的女孩子，声音很脆，“卖枸杞头来！”枸杞头放在一个竹篮子里，一种长圆形的竹篮，叫做元宝篮子，枸杞头带着雨水，女孩子的声音也带着雨水。枸杞头不值什么钱，也从不用秤约，给几个钱，她们就能把整篮子倒给你。女孩子也不把这当作正经买卖，卖一点钱，够打一瓶梳头油就行了。

自己去摘，也不费事。一会儿工夫，就能摘一堆。枸杞到处都是。我的小学的操场原是祭天地的空地，叫做“天地坛”。天地坛的四边围墙的墙根，长的都是这东西。枸杞夏天开小白花，秋天结很多小红果子，即枸杞子，我们小时候叫它“狗奶子”，因为很像狗的奶子。

枸杞头也都是凉拌，清香似尤甚于荠菜。

蒌蒿。小说《大淖记事》：“春初水暖，沙洲上冒出很多紫红色的芦芽和灰绿色的蒌蒿，很快就是一片翠绿了。”我在书页下面加了一条注：“蒌蒿是生于水边的野草，粗如笔管，有节，生狭长的小叶，初生二寸来高，叫做‘蒌蒿薹子’，加肉炒食极清香”。蒌蒿，字典上都注“蒌”音楼，蒿之一种，即白蒿，我以为蒌蒿不是蒿之一种，蒌蒿掐断，没有那种蒿子气，倒是有一种水草气。苏东坡诗：“蒌蒿满地芦芽短”，以蒌蒿与芦芽并举，证明是水边的植物，就是我家乡所说“蒌蒿薹子”。“蒌”

春城無處不飛花

字我的家乡不读楼，读“吕”。蒌蒿好像都是和瘦猪肉同炒，素炒好像没有。我小时候非常爱吃炒蒌蒿薹子。桌上有一盘炒蒌蒿薹子，我就非常兴奋，胃口大开。蒌蒿薹子除了清香，还有就是很脆，嚼之有声。

荠菜、枸杞我在外地偶尔吃过，蒌蒿薹子自十九岁离乡后从未吃过，非常想念。去年我的家乡有人开了汽车到北京来办事，我的弟妹托他们带了一塑料袋蒌蒿薹子来，因为路上耽搁，到北京时已经焐坏了。我挑了一些还不太烂的，炒一盘，还有那么一点意思。

马齿苋。中国古代吃马齿苋是很普遍的，马苋与人苋（即红白苋菜）并提。后来不知怎么吃的人少了。我的祖母每年夏天都要摘一些马齿苋，晾干了，过年包包子。我的家乡普通人家平常是不包包子的。只有过年才包，自己家里人吃，有客人来蒸一盘待客。不是家里人包的，一般的家庭妇女不会包，都是备了面、馅，请包子店里的师傅到家里做，做一上午，就够正月里吃了。我的祖母吃长斋，她的马齿苋包子只有她自己吃。我尝过一个，马齿苋有点酸酸的味道，不难吃，也不好吃。

马齿苋南北皆有。我在北京的甘家口住过，离玉渊潭很近，玉渊潭马齿苋极多，北京人叫做马苋儿菜，吃的人很少。养鸟的拔了喂画眉。据说画眉吃了能清火。画眉还会有“火”吗？

莼菜。第一次喝莼菜汤是在杭州的楼外楼，一九四八年四月。这以前我没有吃过莼菜，也没有见过。我的家乡人大都不知莼菜为何物。但是秦少游有《以莼姜法鱼糟蟹寄子瞻》诗，则高邮原来是有莼菜的。诗最后一句是“泽居备礼无麇鹿”，秦少游当时在高邮居住，送给苏东坡的是高邮的土产。高邮现在还有没有莼菜，什么时候回高邮，我得调查调查。

明朝的时候，我的家乡出过一个散曲作家王磐。王磐字鸿渐，号西楼，散曲作品有《西楼乐府》。王磐当时名声很大，与散曲大家陈大声并称为“南曲之冠”。王西楼还是画家。高邮现在还有一句歇后语：“王西楼嫁女儿——画（话）多银子少”。王西楼有一本有点特别的著作：《野菜谱》。《野菜谱》收野菜五十二种。五十二种中有些我是认识的，如白鼓钉（蒲公英）、蒲儿根、马栏头、青蒿儿（即茵陈蒿）、枸杞头、野菉豆、蒌蒿、荠菜儿、马齿苋、灰条。江南人重马栏头。小时读周作人的《故乡的野菜》，提到儿歌：“荠菜马栏头，姐姐嫁在后门头”，很是向往，但是我的家乡是不大有人吃的。灰条的“条”字，正字应是“藋”，通称灰菜。这东西我的家乡不吃。我第一次吃灰菜是在一个山东的同学的家里，蘸了稀面，蒸熟，就烂蒜，别具滋味。后来在昆明黄土坡一中学教书，学校发不出薪水，我们时常断炊，就掳了灰菜来炒了吃。在北京我也摘过灰菜炒食。有一次发现钓鱼台国宾馆的墙壁外长了很多灰菜，极肥嫩，就弯下腰来摘了好些，装在书包里。门卫发现，走过来问：“你干什么？”他大概以为我在埋定时炸弹。我把书包里的灰菜抓出来给他看，他没有再说什么，走开了。灰菜有点碱味，我很喜欢这种味道。王西楼《野菜谱》中有一些，我不但没有吃过，见过，连听都没有听过，如：“燕子不来香”“油灼灼”……

《野菜谱》上图下文。图画的是这种野菜的样子，文则简单地说这种野菜的生长季节，吃法。文后皆系以一诗，一首近似谣曲的小乐府，都是借题发挥。以野菜名起兴，写人民疾苦。如：

眼子菜

眼子菜，如张目，年年盼春怀布谷，犹向秋来望时熟。何事频年倦不开，愁看四野波漂屋。

猫耳朵

猫耳朵，听我歌，今年水患伤田禾，仓廪空虚鼠弃窝，猫兮猫兮将奈何！

江荠

江荠青青江水绿，江边挑菜女儿哭。爷娘新死兄趁熟，止存我与妹看屋。

抱娘蒿

抱娘蒿，结根牢，解不散，如漆胶。君不见昨朝儿卖客船上，儿抱娘哭不肯放。

这些诗的感情都很真挚，读之令人酸鼻。我的家乡本是个穷

地方，灾荒很多，主要是水灾，家破人亡，卖儿卖女的事是常有的。我小时候就见过。现在水利大有改进，去年那样的特大洪水，也没死一个人，王西楼所写的悲惨景象不复存在了。想到这一点，我为我的家乡感到欣慰。过去，我的家乡人吃野菜主要是为了度荒，现在吃野菜则是为了尝新了。喔，我的家乡的野菜！

豌豆

在北市口卖熏烧炒货的摊子上，和我写的小说《异秉》里的王二的摊子上，都能买到炒豌豆和油炸豌豆。二十文（两枚当十的铜元）即可买一小包，撒一点盐，一路上吃着往家里走，到家门口，也就吃完了。

离我家不远的越塘旁边的空地上，经常有几副卖零吃的担子。卖花生糖的。大粒去皮的花生仁，炒熟仍是雪白的，平摊在抹了油的白石板上，冰糖熬好，均匀地浇在花生米上，候冷，铲起。这种花生糖晶亮透明，不用刀切，大片，放在玻璃匣里，要买，取出一片，现约，论价。冰糖极脆，花生很香。卖豆腐脑的。我们那里的豆腐脑不像北京浇口蘑渣羊肉卤，只倒一点酱油、醋，加一滴麻油——用一只一头缚着一枚制钱的筷子，在油壶里一蘸，滴在碗里，真正只有一滴。但是加很多样零碎作料：小虾米、葱花、蒜泥、榨菜末、药芹末——我们那里没有旱芹，只有水芹即药芹，我很喜欢药芹的气味。我觉得这样的豆腐脑清清爽爽，比北京的勾芡的黏黏糊糊的羊肉卤的要好吃。卖糖豌豆粥的，香粳晚米和豌豆一同在铜锅中熬熟，盛出后加洋糖（绵白糖）一勺。夏日于柳荫下喝一碗。风味不恶。我离乡五十多年，至今还记得豌豆粥的香味。

北京以豌豆制成的食品，最有名的是“豌豆黄”。这东西其实制法很简单，豌豆熬烂，去皮，澄出细沙，加少量白糖，摊开压扁，切成5寸×3寸的长方块，再加刀割出四方小块，分而不离，以牙签扎取而食。据说这是“宫廷小吃”，过去是小饭铺里都卖的，很便宜，现在只仿膳这样的大餐馆里有了，而且卖得很贵。

夏天连阴雨天，则有卖煮豌豆的。整粒的豌豆煮熟，加少量盐，搁两个大蒜瓣在浮头上，用豆绿茶碗量了卖。虎坊桥有一个傻子卖煮豌豆，给得多。虎坊桥一带流传一句歇后语：“傻子的豌豆——多给”。北京别的地区没有这样的歇后语。想起煮豌豆，就会叫人想起北京夏天的雨。

早年前有磕豌豆木模子的。豌豆煮成泥，摁在雕成花样的木模子里，磕出来，就成了一个一个小玩意儿，小猫、小狗、小兔、小猪。买的都是孩子，也玩了，也吃了。

以上说的是干豌豆。新豌豆都是当菜吃。烩豌豆是应时当令的新鲜菜。加一点火腿丁或鸡茸自然很好，就是素烩，也极鲜美。烩豌豆不宜久煮，久煮则汤色发灰，不透亮。

全国兴起了吃荷兰豌豆也就近几年的事。我吃过的荷兰豆以厦门为最好，宽大而嫩。厦门的汤米粉中都要加几片荷兰豆，可

歲朝圖
我家廢園有大蠟梅花
數株每於雪後摘蠟梅
朵以花針穿綴配以天竹果
一二顆奉祖母神幾

以解海鲜的腥味。北京吃的荷兰豆都是从南方运来的。我在厦门郊区的田里看到正在生长着的荷兰豆，搭小架，水红色的小花，嫩绿的叶子，嫣然可爱。

豌豆的嫩头，我的家乡叫豌豆头，但将“豌”字读成“安”。云南叫豌豆尖，四川叫豌豆颠。我的家乡一般都是油盐炒食。云南、四川加在汤面上面。叫做“飘”或“青”。不要加豌豆苗，叫“免飘”；“多青重红”则是多要豌豆苗和辣椒。吃毛肚火锅，在涮了各种荤料后，浓汤中推进一大盘豌豆颠，美不可言。

豌豆可以入画。曾在山东看到钱舜举的册页，画的是豌豆，不能忘。钱舜举的画设色娇而不俗，用笔稍细而能潇洒，我很喜欢。见过一幅日本竹内栖风的画，豌豆花、叶颜色较钱舜举尤为鲜丽，但不知道为什么在豌豆前面画了一条赭色的长蛇，非常逼真。是不是日本人觉得蛇也很美？

黄豆

豆叶在古代是可以当菜吃的，吃法想必是做羹。后来就没有人吃了，没有听说过有人吃凉拌豆叶、炒豆叶、豆叶汤。

我们那里，夏天，家家都要吃几次炒毛豆，加青辣椒。中秋节煮毛豆供月，带壳煮。我父亲会做一种毛豆：毛豆剥出粒，与小青椒（不切）同煮，加酱油、糖，候豆熟收汤，摊在筛子里晾至半干，豆皮起皱，收入小坛。下酒甚妙，做一次可以吃几天。

北京的小酒馆里盐水煮毛豆，有的酒馆是整棵地煮的，不将豆荚剪下，酒客用手摘了吃，似比装了一盘吃起来更香。

香椿豆甚佳，香椿嫩头在开水中略烫，沥去水，碎切，加盐；毛豆加盐煮熟，与香椿同拌匀，候冷，贮之玻璃瓶中，隔日取食。

北京人吃炸酱面，讲究的要有十几种菜码，黄瓜丝、小萝卜、青蒜……还得有一撮毛豆或青豆。肉丁（不用副食店买的绞肉末）炸酱与青豆同嚼，相得益彰。

北京人炒麻豆腐要放几个青豆嘴儿——青豆发一点芽。

三十年前北京稻香村卖熏青豆，以佐茶甚佳。这种豆大概未必是熏的，只是加一点茴香，入轻盐煮后晾成的。皮亦微皱，不软不硬，有咬劲。现在没有了，想是因为费工而利薄，熏青豆是很便宜的。

江阴出粉盐豆。不知怎么能把黄豆发得那样大，长可半寸，盐炒，豆不收缩，皮色发白，极酥松，一嚼即成细粉，故名粉盐豆。味甚隽，远胜花生米。吃粉盐豆，喝白花酒，很相配。我那时还不怎么会喝酒，只是喝白开水。星期天，坐在自修室里，喝水，吃豆，读李清照、辛弃疾词，别是一番滋味。我在江阴南菁中学读过两年，星期天多半是这样消磨过去的。前年我到江阴寻梦，向老同学问起粉盐豆，说现在已经没有了。

稻香村、桂香村、全素斋等处过去都卖笋豆。黄豆、笋干切碎，加酱油、糖煮。现在不大见了。

三年自然灾害时，对十七级干部有一点照顾，每月发几斤黄豆、一斤白糖，叫做“糖豆干部”。我用煮笋豆法煮之，没有笋干，放一点口蘑。口蘑是我在张家口坝上自己采得晒干的。我做的口蘑豆自家吃，还送人，曾给黄永玉送去过。永玉的儿子黑蛮吃了，在日记里写道：“黄豆是不好吃的东西，汪伯伯却能把它做得很好吃，汪伯伯很伟大！”

炒黄豆芽宜烹糖醋。

黄豆芽吊汤甚鲜。南方的素菜馆、供素斋的寺庙，都用豆芽汤取鲜。有一老者在一个庙里吃了素斋，怀疑汤里放了虾子包，跑到厨房里去验看，只见一口大锅里熬着一锅黄豆芽和香菇蒂的汤。黄豆芽汤加酸雪里蕻，泡饭甚佳。此味北人不解也。

黄豆对中国人民最大的贡献是能做豆腐及各种豆制品。如果没有豆腐，中国人民的生活将会缺一大块，和尚、尼姑、素菜馆的大师傅就通通“没戏”了。素菜除了冬菇、口蘑、金针、木耳、冬笋、竹笋，主要是靠豆腐、豆制品。素这个，素那个，只是豆制品变出的花样而已。关于豆腐，应另写专文，此不及。

绿豆

绿豆在粮食里是最重要的。一麻袋绿豆二百七十斤，非壮劳力扛不起。

绿豆性凉，夏天喝绿豆汤、绿豆粥、绿豆水饭，可祛暑。

绿豆的最大用途是做粉丝。粉丝好像是中国的特产，外国名之曰玻璃面条。常见的粉丝的吃法是下在汤里。华侨很爱吃粉丝，大概这会引起他们的故国之思，每年国内要运销大量粉丝到东南亚各地，一律称为“龙口细粉”，华侨多称之为“山东粉”。我有个亲戚，是闽籍马来西亚归侨，我在她家吃饭，她在什么汤里都必放两样东西，粉丝和榨菜。苏南人爱吃“油豆腐线粉”，是小吃，乃以粉丝及豆腐泡下在冬菇扁尖汤里。午饭已经消化完了，晚饭还不到时候，吃一碗油豆腐线粉，蛮好。

北京的镇江馆子森隆以前有一道菜，银丝牛肉：粉丝温油炸脆，浇宽汁小炒牛肉丝，哧啦有声。不知这是不是镇江菜。做银丝牛肉的粉丝必须是纯绿豆的，否则易于焦糊。我曾在自己家里做过一次，粉丝大概掺了不知别的什么东西，炸后成了一团黑炭。“蚂蚁上树”原是四川菜，肉末炒粉丝。有一个剧团的伙食办得不好，演员意见很大。剧团的团长为了关心群众生活，深入到食堂去亲自考察，看到菜牌上写的菜名有“蚂蚁上树”，说：“啊呀，伙食是有问题，蚂蚁怎么可以吃呢？”这样的人怎么可以当团长呢？

绿豆轧的面条叫“杂面”。《红楼梦》里尤三姐说：“咱们清水下杂面，你吃我看。”或说杂面要下羊肉汤里，清水下杂面是说没有吃头的。究竟这句话是什么意思，我还不太明白。不过杂面是要有点荤汤的，素汤杂面我还没有吃过。那么，吃长斋的人是不吃杂面的？

凉粉皮原来都是绿豆的，现在纯绿豆的很少，多是杂豆的。大块凉粉则是白薯粉的。

凉粉以川北凉粉为最好，是豌豆粉，颜色是黄的。川北凉粉放很多油辣椒，吃时嘴里要嘘嘘出气。

广东人爱吃绿豆沙。昆明正义路南头近金碧路处有一家广东人开的甜品店，卖绿豆沙、芝麻糊和番薯糖水。绿豆沙、芝麻糊都好吃，番薯糖水则没有多大意思。

绿豆糕以昆明的吉庆祥和苏州采芝斋最好，油重，且加了玫瑰花。北京的绿豆糕不加油，是干的，吃起来噎人。我有一阵生胆囊炎，不宜吃油，买了一盒回来，我的孙女很爱吃，一气吃了几块，我觉得不可理解。

扁豆

我们那一带的扁豆原来只有北京人所说的“宽扁豆”那一种，郑板桥写过一副对联：“一庭春雨瓢儿菜，满架秋风扁豆花”，指的当是这种扁豆。这副对子写的是尚可温饱的寒士家的景况，有钱的阔人家是不会在庭院里种菜种扁豆的。扁豆有紫花和白花的两种，紫花的较多，白花的少。郑板桥眼中的扁豆花大概是紫的。紫花扁豆结的豆角皮色亦微带紫，白花扁豆则是浅绿色的。吃起来味道都差不多。唯入药用，则必为“白扁豆”，两种扁豆药性可能不同。扁豆初秋即开花，旋即结角，可随时摘食。板桥所说满架秋风给人的感觉是已是深秋了。画扁豆花的画家喜欢画一只纺织娘，这是一个季节的东西。暑尽天凉，月色如水，听纺织娘在扁豆架上沙沙地振羽，至有情味。北京有种红扁豆的，花是大红的，豆角则是深紫红的。这种红扁豆似没人吃，只供观赏。我觉得这种扁豆红得不正常，不如紫花、白花有韵致。

北京通常所说的扁豆，上海人叫四季豆。我的家乡原来没有，现在有种的了。北京的扁豆有几种，一般的就叫扁豆，有上架的，叫“架豆”。一种叫“棍儿扁豆”，豆角如小圆棍。“棍儿扁豆”字面自相矛盾，既似棍儿，不当叫扁。有一种豆角较宽而甚嫩的，叫“闷儿豆”，我想是“眉豆”的讹读。北京人吃扁豆无非是焯熟凉拌，炒，或焖。“焖扁豆面”挺不错。扁豆焖熟，加水，面条下在上面，面熟，将扁豆翻到上面来，再稍焖，即得。扁豆不管怎么做，总宜加蒜。

我在泰山顶上一个招待所里吃过一盘炒棍儿扁豆，非常嫩。平生所吃扁豆，此为第一。能在泰山顶上吃到，尤为难得。

芸豆

我在昆明吃了几年芸豆。西南联大的食堂里有几个常吃的菜：炒猪血（云南叫“旺子”），炒莲花白（即北京的圆白菜、上海的卷心菜、张家口的疙瘩白），灰色的魔芋豆腐……几乎每天都有的是煮芸豆。府甬道菜市上有卖芸豆的，盐煮，我们有时

买了当零嘴吃，因为很便宜。芸豆有红的和白的两种，我们在昆明吃的是红的。

北京小饭铺里过去有芸豆粥卖，是白芸豆。芸豆粥粥汁甚黏，好像勾了芡。

芸豆卷和豌豆黄一样，也是“宫廷小吃”。白芸豆煮成沙，入糖，制为小卷。过去北海漪澜堂茶馆里有卖，现在不知还有没有。

在乌鲁木齐逛“巴扎”，见白芸豆极大，有大拇指头顶儿那样大，很想买一点。但是数千里外带一包芸豆回北京，有点“神经”，遂作罢。

红小豆

红小豆上海叫赤豆：赤豆汤，赤豆棒冰。北京叫小豆：小豆粥，小豆冰棍。我的家乡叫红饭豆，因为可掺在米里蒸成饭。

红小豆最大的用途是做豆沙。北方的豆沙有不去皮的，只是小豆煮烂而已。豆包、炸糕的馅都是这样的粗制豆沙。水滤去皮，成为细沙，北方叫“澄沙”，南方叫“洗沙”。做月饼、甜包、汤圆，都离不开豆沙。豆沙最能吸油，故宜作馅。我们家大年初一早起吃汤圆，洗沙是年前就用大量的猪油拌了，每天在饭锅头上蒸一次，沙色紫得发黑，已经吸足了油。我们家的汤圆又很大，我能吃两三个，一咬一嘴油。

四川菜有夹沙肉，乃肥多瘦少的带皮臀尖肉整块煮至六七成熟，捞出，稍凉后，切成厚二三分的大片，两片之间肉皮不切通，中夹洗沙，上笼蒸烂。这道菜是放糖的，很甜。肥肉已经脱了油，吃起来不腻。但也不能多吃，我只能来两片。我的儿子会做夹沙肉，每次都很成功。

豇豆

我小时最讨厌吃豇豆，只有两层皮，味道寡淡。后来北京，岁数大了，觉得豇豆也还好吃。人的口味是可以变的。比如我小时不吃猪肺，觉得泡泡囊囊的，嚼起来很不舒服。老了，觉得肺头挺好吃，于老人牙齿甚相宜。

嫩豇豆切寸段，入开水锅焯熟，以轻盐稍腌，滗去盐水，以好酱油、镇江醋、姜、蒜末同拌、滴香油数滴，可以“渗”酒。炒食亦佳。

河北省酱菜中有酱豇豆，别处似没有。北京的六必居、天源，南方扬州酱菜中都没有。保定酱豇豆是整根酱的，甚脆嫩，而极咸。河北人口重，酱菜无不甚咸。

豇豆米老后，表皮光洁，淡绿中泛浅紫红晕斑。瓷器中有一种“豇豆红”就是这种颜色。曾见一豇豆红小石榴瓶，莹润可爱。中国人很会为瓷器的釉色取名，如“老僧衣”“芝麻酱”“茶叶末”，都甚肖。

第二辑

五 味

五味

山西人真能吃醋！几个山西人在北京下饭馆，坐定之后，还没有点菜，先把醋瓶子拿过来，每人喝了三调羹醋。邻座的客人直瞪眼。有一年我到太原去，快过春节了。别处过春节，都供应一点好酒，太原的油盐店却都贴出一个条子："供应老陈醋，每户一斤。"这在山西人是大事。

山西人还爱吃酸菜，雁北尤甚。什么都拿来酸，除了萝卜白菜，还包括杨树叶子，榆树钱儿。有人来给姑娘说亲，当妈的先问，那家有几口酸菜缸。酸菜缸多，说明家底子厚。

辽宁人爱吃酸菜白肉火锅。

北京人吃羊肉酸菜汤下杂面。

福建人、广西人爱吃酸笋。我和贾平凹在南宁，不爱吃招待所的饭，到外面瞎吃。平凹一进门，就叫："老友面！""老友面"者，酸笋肉丝氽汤下面也，不知道为什么叫做："老友"。

傣族人也爱吃酸。酸笋炖鸡是名菜。

延庆山里夏天爱吃酸饭。把好好的饭焐酸了，用井拔凉水一和，呼呼地就下去了三碗。

都说苏州菜甜，其实苏州菜只是淡，真正甜的是无锡。无锡炒鳝糊放那么多糖！包子的肉馅里也放很多糖，没法吃！

四川夹沙肉用大片肥猪肉夹了洗沙蒸，广西芋头扣肉用大片肥猪肉夹芋泥蒸，都极甜，很好吃，但我最多只能吃两片。

广东人爱吃甜食。昆明金碧路有一家广东人开的甜品店，卖芝麻糊、绿豆沙，广东同学趋之若鹜。“番薯糖水”即用白薯切块熬的汤，这有什么好喝的呢？广东同学曰：“好嘢！”

北方人不是不爱吃甜，只是过去糖难得。我家曾有老保姆，正定乡下人，六十多岁了。她还有个婆婆，八十几了。她有一次要回乡探亲，临行称了两斤白糖，说她的婆婆就爱喝个白糖水。

北京人很保守，过去不知苦瓜为何物，近年有人学会吃了。菜农也有种的了。农贸市场上有很好的苦瓜卖，属于“细菜”，价颇昂。

北京人过去不吃蕹菜，不吃木耳菜，近年也有人爱吃了。

北京人在口味上开放了！

北京人过去就知道吃大白菜。由此可见，大白菜主义是可以被打倒的。

北方人初春吃苣荬菜。苣荬菜分甜荬、苦荬，苦荬相当的苦。

有一个贵州的年轻女演员上我们剧团学戏，她的妈妈不远迢迢给她寄来一包东西，是“择耳根”，或名“则尔根”，即鱼腥草。她让我尝了几根。这是什么东西？苦，倒不要紧，它有一股强烈的生鱼腥味，实在招架不了！

剧团有一干部，是写字幕的，有时也管杂务。此人是个吃辣的专家。他每天中午饭不吃菜，吃辣椒下饭。全国各地的，少数民族的，各种辣椒，他都千方百计地弄来吃，剧团到上海演出，他帮助搞伙食，这下好，不会缺辣椒吃。原以为上海辣椒不好买，他下车第二天就找到一家专卖各种辣椒的铺子。上海人有一些是能吃辣的。

我的吃辣是在昆明练出来的，曾跟几个贵州同学在一起用青辣椒在火上烧烧，蘸盐水下酒。平生所吃辣椒之多矣，什么朝天椒、野山椒，都不在话下。我吃过最辣的辣椒是在越南。一九四七年，由越南转道往上海，在海防街头吃牛肉粉，牛肉极嫩，汤极鲜，辣椒极辣，一碗汤粉，放三四丝辣椒就辣得不行。这种辣椒的颜色是橘黄色的。在川北，听说有一种辣椒本身不能吃，用一根线吊在灶上，汤做得了，把辣椒在汤里涮涮，就辣得不得了。云南佤族有一种辣椒，叫“涮涮辣”，与川北吊在灶上的辣椒大概不相上下。

四川不能说是最能吃辣的省份，川菜的特点是辣而且麻，——搁很多花椒。四川的小面馆的墙壁上黑漆大书三个字：麻辣烫。麻婆豆腐、干煸牛肉丝、棒棒鸡，不放花椒不行。花椒得是川椒，捣碎，菜做好了，最后再放。

周作人说他的家乡整年吃咸极了的咸菜和咸极了的咸鱼，浙东人确实吃得很咸。有个同学，是台州人，到铺子里吃包子，掰开包子就往里倒酱油。口味的咸淡和地域是有关系的。北京人说南甜北咸东辣西酸，大体不错。河北、东北人口重，福建菜多很淡。但这与个人的性格习惯也有关。湖北菜并不咸，但闻一多先生却嫌云南蒙自的菜太淡。

中国人过去对吃盐很讲究，如桃花盐、水晶盐，“吴盐胜雪”，现在则全国都吃再制精盐。只有四川人腌咸菜还坚持用自贡产的井盐。

我不知道世界上还有什么国家的人爱吃臭。

过去上海、南京、汉口都卖油炸臭豆腐干。长沙火宫殿的臭豆腐因为一个大人物年轻时常吃而出名。这位大人物后来还去吃过，说了一句话：“火宫殿的臭豆腐还是好吃。”

我们一个同志到南京出差，他的爱人是南京人，嘱咐他带一点臭豆腐干回来。他千方百计，居然办到了。带到火车上，引起一车厢的人强烈抗议。

除豆腐干外，面筋、百叶（千张）皆可臭。蔬菜里的莴苣、冬瓜、豇豆皆可臭。冬笋的老根咬不动，切下来随手就扔进臭坛子里。——我们那里很多人家都有个臭坛子，一坛子“臭卤”。腌芥菜挤下的汁放几天即成“臭卤”。臭物中最特殊的是臭苋菜秆。苋菜长老了，主茎可粗如拇指，高三四尺，截成二寸许小段，入臭坛。臭熟后，外皮是硬的，里面的芯成果冻状。噙住一头，一吸，芯肉即入口中。这是佐粥的无上妙品。我们那里叫做“苋菜秸子”，湖南人谓之“苋菜咕”，因为吸起来“咕”的一声。

北京人说的臭豆腐指臭豆腐乳。过去是小贩沿街叫卖的：“臭豆腐，酱豆腐，王致和的臭豆腐。”臭豆腐就贴饼子，熬一锅虾米皮白菜汤，好饭！现在王致和的臭豆腐用很大的玻璃方瓶装，很不方便，一瓶一百块，得很长时间才能吃完，而且卖得很贵，成了奢侈品。我很希望这种包装能改进，一器装五块足矣。

我在美国吃过最臭的“气死”（干酪），洋人多闻之掩鼻，对我说起来实在没有什么，比臭豆腐差远了。

甚矣，中国人口味之杂也，敢说堪为世界之冠。

面之雅俗

汪朗

中国的面条可是一个大家族。

据说，光是陕西的面条就有近千种花样，什么臊子面、旗花面、麻食面、酸汤面、油泼面、血条面……细者如发丝，粗者似腰带。其他地方的面条，名堂也不少。

别看现在面条很是平常，搁到一千多年前可正经是稀罕物。唐明皇李隆基，在诸皇子中排行老三，原配夫人姓王，是他当临淄王时迎娶的，人很贤惠。等到李隆基当了皇上，身边的小妞多了，便觉着王皇后不顺眼了，想休了她。王皇后便哭着说："陛下独不念阿忠脱紫半臂易斗面，为生日汤饼邪？"汤饼，就是面条。半臂，就是套在长衫外面的短袖罩衣，北京这两年很时兴这种穿法。这句话的意思如译成现代歌词，大约是："人家的生日都吃面，三郎的囊中没有钱。扯下了身上的小褂子，给我夫君把面换。唉唉唉唉，把呀把面换！"可以《白毛女》曲谱唱之。唐代只有够品级的人才有资格穿紫，这紫半臂想来还是王氏的礼服。看来，面条还是有感召力的。李隆基听了这番话，"悯然动容"，废后一事缓议。不过王皇后终究还是被废了，因为面条的感召力最终比不过小妞儿。食遇上了色，往往要吃败仗。

中国面条繁衍到今天，也有了自己的“五大”：曰北京炸酱面、山西刀削面、广东伊府面、四川担担面、武汉热干面。如果论起档次，超出“五大”者不知凡几。过去北京富贵人家夏至吃的“全卤面”就是一例。吃这碗面，要在夏至前一天，先用慢火将猪、牛、鸡、鸭诸物煮出浓汤，等到正日子再将燕窝、银耳、金针、鱼翅、海参之类投入汤中，加料酒酱油，以小火熬之。等到锅开三滚之后，勾芡，再将打好的鸽蛋浆缓缓注入卤中。最后以铁勺炸花椒油热泼于卤上。如此全卤才算大功告成。这等吃法，绝非一般百姓所能问津，因此这全卤面虽然很是高雅，却难以进入“五大”之列。

“五大”之所以成为“五大”，就在于其不事雕琢，一般人家皆可为之。就像通俗歌曲，大家都能哼哼几下，故而能够流行开来。不过，虽说这些个面条属下里巴人之流，但制作也有一定之规，绝不能胡乱将就，否则就成了下三滥。

拿四川担担面来说，相传它是自贡一个叫陈包包的小贩创立的，因最初是挑着担子走街串巷售卖，故以此名之。其配料有红酱油、化猪油、麻油、芝麻酱、蒜泥、葱花、红油辣椒、花椒面、醋、芽菜、味精等十多种，也有人在其中添加炒制猪肉末甚至豌豆尖，以提升档次。传统担担面讲究面细无汤，麻辣味鲜，因此花椒面绝不可免。四川的花椒面，是用生花椒微火焙干后碾成的，最佳者为当地所产之大红袍，稍加一点，担担面的滋味立即凸显。可惜，许多仿效者对此常常忽略。我们家老爸，当年几乎天天以自制担担面为早餐，谈及花椒面的缺失，往往为之扼腕。

北京的炸酱面同样有不少说道。所用之酱要黄酱甜面酱各半，黄酱要前门六必居的，甜面酱以西单天源酱园所产者为佳，光是买酱就得跑半个京城；所用之肉要肥瘦参半，用刀切成细丁，如用现成的绞肉馅儿就差点事儿；炸酱时不能添水，要小火干炸，如此炸出的酱味道才香。吃炸酱面配带的各色蔬菜——“老北京”称之为面码，也有讲究。要有青豆嘴儿、黄豆嘴儿、白菜丝、掐菜、菠菜、韭菜段、小红萝卜丝、黄瓜丝、芹菜末、香椿末，共计十样。前六样吃前需在滚水中焯一下。这些面码虽然不算什么金贵东西，但因出产时令不同，想凑齐了也不那么容易。实在不行，调减几样是可以的。再不行，洗根黄瓜干啃也凑合，而且别有一种豪爽之风。但绝不能白嘴吃面。“老北京”把没面码的炸酱面叫“光屁股面”。一听这称呼，就知道对这种吃法是何等不屑。

不过，对北京许多平民来说，“光屁股面”已经算是美食了，毕竟有酱有肉。等而下之的面条吃法其实还有很多，例如炸酱油面。其做法极简单：葱花呛锅，倒入酱油，见开即可，拌面食之。稍好一点的，可加些白菜丝。这样的面条着实简陋，因此遍查有关京城旧俗的文章也未见记载。当年，我在山西工厂当工人时，承蒙胡同里长大的北京同乡的热情相邀，品尝过一两次炸酱油面，并目睹了制作全过程。其味如何？极美！当时我们整天吃的是高粱面做成的“钢丝面”，调料只有盐醋，能吃上一顿炸酱油拌白面条，如何不是人间至味？

炒米和焦屑

小时读《板桥家书》：“天寒冰冻时暮，穷亲戚朋友到门，先泡一大碗炒米送手中，佐以酱姜一小碟，最是暖老温贫之具”，觉得很亲切。郑板桥是兴化人，我的家乡是高邮，风气相似。这样的感情，是外地人们不易领会的。炒米是各地都有的。但是很多地方都做成了炒米糖。这是很便宜的食品。孩子买了，咯咯地嚼着。四川有“炒米糖开水”，车站码头都有得卖，那是泡着吃的。但四川的炒米糖似也是专业的作坊做的，不像我们那里。我们那里也有炒米糖，像别处一样，切成长方形的一块一块。也有搓成圆球的，叫做“欢喜团”。那也是作坊里做的。但通常所说的炒米，是不加糖黏结的，是“散装”的；而且不是作坊里做出来，是自己家里炒的。

说是自己家里炒，其实是请了人来炒的。炒炒米也要点手艺，并不是人人都会的。入了冬，大概是过了冬至吧，有人背了一面大筛子，手执长柄的铁铲，大街小巷地走，这就是炒炒米的。有时带一个助手，多半是个半大孩子，是帮他烧火的。请到家里来，管一顿饭，给几个钱，炒一天。或二斗，或半石；像我们家人口多，一次得炒一石糯米。炒炒米都是把一年所需一次炒齐，没有零零碎碎炒的。过了这个季节，再找炒炒米的也找不着。一炒炒米，就让人觉得，快要过年了。

装炒米的坛子是固定的，这个坛子就叫“炒米坛子”，不作别的用途。舀炒米的东西也是固定的，一般人家大都是用一个香烟罐头。我的祖母用的是一个“柚子壳”。柚子，——我们那里柚子不多见，从顶上开一个洞，把里面的瓤掏出来，再塞上米糠，风干，就成了一个硬壳的钵状的东西。她用这个柚子壳用了一辈子。

我父亲有一个很怪的朋友，叫张仲陶。他很有学问，曾教我读过《项羽本纪》。他薄有田产，不治生业，整天在家研究易经，算卦。他算卦用蓍草。全城只有他一个人用蓍草算卦。据说他有几卦算得极灵。有一家，丢了一只金戒指，怀疑是女佣人偷了。这女佣人蒙了冤枉，来求张先生算一卦。张先生算了，说戒指没有丢，在你们家炒米坛盖子上。一找，果然。我小时就不大相信，算卦怎么能算得这样准，怎么能算得出在炒米坛盖子上呢？不过他的这一卦说明了一件事，即我们那里炒米坛子是几乎家家都有的。

炒米这东西实在说不上有什么好吃。家常预备，不过取其方便。用开水一泡，马上就可以吃。在没有什么东西好吃的时候，泡一碗，可代早晚茶。来了平常的客人，泡一碗，也算是点心。

郑板桥说“穷亲戚朋友到门，先泡一大碗炒米送手中”，也是说其省事，比下一碗挂面还要简单。炒米是吃不饱人的。一大碗，其实没有多少东西。我们那里吃泡炒米，一般是抓上一把白糖，如板桥所说“佐以酱姜一小碟”，也有，少。我现在岁数大了，如有人请我吃泡炒米，我倒宁愿来一小碟酱生姜，——最好滴几滴香油，那倒是还有点意思的。另外还有一种吃法，用猪油煎两个嫩荷包蛋——我们那里叫做“蛋瘪子”，抓一把炒米和在一起吃。这种食品是只有“惯宝宝”才能吃得到的。谁家要是老给孩子吃这种东西，街坊就会有议论的。

我们那里还有一种可以急就的食品，叫做“焦屑”。糊锅巴磨成碎末，就是焦屑。我们那里，餐餐吃米饭，顿顿有锅巴。把饭铲出来，锅巴用小火烘焦，起出来，卷成一卷，存着。锅巴是不会坏的，不发馊，不长霉。攒够一定的数量，就用一具小石磨磨碎，放起来。焦屑也像炒米一样。用开水冲冲，就能吃了。焦屑调匀后成糊状，有点像北方的炒面，但比炒面爽口。

我们那里的人家预备炒米和焦屑，除了方便，原来还有一层意思，是应急。在不能正常煮饭时，可以用来充饥。这很有点像古代行军用的“糒”。有一年，记不得是哪一年，总之是我还小，还在上小学，党军（国民革命军）和联军（孙传芳的军队）在我们县境内开了仗，很多人都躲进了红十字会。不知道出于一种什么信念，大家都以为红十字会是哪一方的军队都不能打进去的，进了红十字会就安全了。红十字会设在炼阳观，这是一个道士观。我们一家带了一点行李进了炼阳观。祖母指挥着，特别关照，把一坛炒米和一坛焦屑带了去。我对这种打破常规的生活极感兴趣。晚上，爬到吕祖楼上去，看双方军队枪炮的火光在东北面不知什么地方一阵一阵地亮着，觉得有点紧张，也觉得好玩。很多人家住在一起，不能煮饭，这一晚上，我们是冲炒米、泡焦屑度过的。没有床铺，我把几个道士诵经用的蒲团拼起来，在上面睡了一夜。这实在是我小时候度过的一个浪漫主义的夜晚。

第二天，没事了，大家就都回家了。炒米和焦屑和我家乡的贫穷和长期的动乱是有关系的。

端午的鸭蛋

家乡的端午，很多风俗和外地一样。系百索子。五色的丝线拧成小绳，系在手腕上。丝线是掉色的，洗脸时沾了水，手腕上就印得红一道绿一道的。做香角子。丝线缠成小粽子，里头装了香面，一个一个串起来，挂在帐钩上。贴五毒。红纸剪成五毒，贴在门坎上。贴符。这符是城隍庙送来的。城隍庙的老道士还是我的寄名干爹，他每年端午节前就派小道士送符来，还有两把小纸扇。符送来了，就贴在堂屋的门楣上。一尺来长的黄色、蓝色的纸条，上面用朱笔画些莫名其妙的道道，这就能辟邪吗？喝雄黄酒。用酒和的雄黄在孩子的额头上画一个王字，这是很多地方都有的。有一个风俗不知别处有不：放黄烟子。黄烟子是大小如北方的麻雷子的炮仗，只是里面灌的不是硝药，而是雄黄。点着后不响，只是冒出一股黄烟，能冒好一会。把点着的黄烟子丢在橱柜下面，说是可以熏五毒。小孩子点了黄烟子，常把它的一头抵在板壁上写虎字。写黄烟虎字笔画不能断，所以我们那里的孩子都会写草书的“一笔虎”。还有一个风俗，是端午节的午饭要吃“十二红”，就是十二道红颜色的菜。十二红里我只记得有炒红苋菜、油爆虾、咸鸭蛋，其余的都记不清，数不出了。也许十二红只是一个名目，不一定真凑足十二样。不过午饭的菜都是红的，这一点是我没有记错的，而且，苋菜、虾、鸭蛋，一定是有的。这三样，在我的家乡，都不贵，多数人家是吃得起的。

我的家乡是水乡。出鸭。高邮大麻鸭是著名的鸭种。鸭多，鸭蛋也多。高邮人也善于腌鸭蛋。高邮咸鸭蛋于是出了名。我在苏南、浙江，每逢有人问起我的籍贯，回答之后，对方就会肃然起敬：“哦！你们那里出咸鸭蛋！”上海的卖腌腊的店铺里也卖咸鸭蛋，必用纸条特别标明：“高邮咸蛋”。高邮还出双黄鸭蛋。别处鸭蛋偶有双黄的，但不如高邮的多，可以成批输出。双黄鸭蛋味道其实无特别处。还不就是个鸭蛋！只是切开之后，里面圆圆的两个黄，使人惊奇不已。我对异乡人称道高邮鸭蛋，是不大高兴的，好像我们那穷地方就出鸭蛋似的！不过高邮的咸鸭蛋，确实是好，我走的地方不少，所食鸭蛋多矣，但和我家乡的完全不能相比！曾经沧海难为水，他乡咸鸭蛋，我实在瞧不上。袁枚的《随园食单·小菜单》有“腌蛋”一条。袁子才这个人我不喜欢，他的《食单》好些菜的做法是听来的，他自己并不会做菜。但是《腌蛋》这一条我看后却觉得很亲切，而且“与有荣焉”。文不长，录如下：

“腌蛋以高邮为佳，颜色细而油多，高文端公最喜食之。席间，先夹取以敬客，放盘中。总宜切开带壳，黄白兼用；不可存黄去白，使味不全，油亦走散。”

高邮咸蛋的特点是质细而油多。蛋白柔嫩，不似别处的发干、发粉，入口如嚼石灰。油多尤为别处所不及。鸭蛋的吃法，如袁子才所说，带壳切开，是一种，那是席间待客的办法。平常食用，一般都是敲破“空头”用筷子挖着吃。筷子头一扎下去，吱——红油就冒出来了。高邮咸蛋的黄是通红的。苏北有一道名菜，叫做“朱砂豆腐”，就是用高邮鸭蛋黄炒的豆腐。我在北京吃的咸鸭蛋，蛋黄是浅黄色的，这叫什么咸鸭蛋呢！

端午节，我们那里的孩子兴挂“鸭蛋络子”。头一天，就由姑姑或姐姐用彩色丝线打好了络子。端午一早，鸭蛋煮熟了，由孩子自己去挑一个，鸭蛋有什么可挑的呢！有！一要挑淡青壳的。鸭蛋壳有白的和淡青的两种。二要挑形状好看的。别说鸭蛋都是一样的，细看却不同。有的样子蠢，有的秀气。挑好了，装在络子里，挂在大襟的纽扣上。这有什么好看呢？然而它是孩子心爱的饰物。鸭蛋络子挂了多半天，什么时候孩子一高兴，就把络子里的鸭蛋掏出来，吃了。端午的鸭蛋，新腌不久，只有一点淡淡的咸味，白嘴吃也可以。

孩子吃鸭蛋是很小心的，敲去空头，不把蛋壳碰破。蛋黄蛋白吃光了，用清水把鸭蛋里面洗净，晚上捉了萤火虫来，装在蛋壳里，空头的地方糊一层薄罗。萤火虫在鸭蛋壳里一闪一闪地亮，好看极了！

小时读囊萤映雪故事，觉得东晋的车胤用练囊盛了几十只萤火虫，照了读书，还不如用鸭蛋壳来装萤火虫。不过用萤火虫照亮来读书，而且一夜读到天亮，这能行吗？车胤读的是手写的卷子，字大，若是读现在的新五号字，大概是不行的。

咸菜茨菇汤

一到下雪天，我们家就喝咸菜汤，不知是什么道理。是因为雪天买不到青菜？那也不见得。除非大雪三日，卖菜的出不了门，否则他们总还会上市卖菜的。这大概只是一种习惯。一早起来，看见飘雪花了，我就知道：今天中午是咸菜汤！

咸菜是青菜腌的。我们那里过去不种白菜，偶有卖的，叫做“黄芽菜”，是外地运去的，很名贵。一般黄芽菜炒肉丝，是上等菜。平常吃的，都是青菜，青菜似油菜，但高大得多。入秋，腌菜，这时青菜正肥。把青菜成担的买来，洗净，晾去水汽，下缸。一层菜，一层盐，码实，即成。随吃随取，可以一直吃到第二年春天。

腌了四五天的新咸菜很好吃，不咸，细、嫩、脆、甜，难可比拟。

咸菜汤是咸菜切碎了煮成的。到了下雪的天气，咸菜已经腌得很咸了，而且已经发酸，咸菜汤的颜色是暗绿的。没有吃惯的人，是不容易引起食欲的。

咸菜汤里有时加了茨菇片，那就是咸菜茨菇汤。或者叫茨菇咸菜汤，都可以。

我小时候对茨菇实在没有好感。这东西有一种苦味。民国二十年，我们家乡闹大水，各种作物减产，只有茨菇却丰收。那一年我吃了很多茨菇，而且是不去茨菇的嘴子的，真难吃。

我十九岁离乡，辗转漂流，三四十年没有吃到茨菇，并不想。

前好几年，春节后数日，我到沈从文老师家去拜年，他留我吃饭，师母张兆和炒了一盘茨菇肉片。沈先生吃了两片茨菇，说："这个好！格比土豆高。"我承认他这话。吃菜讲究"格"的高低，这种语言正是沈老师的语言。他是对什么事物都讲"格"的，包括对于茨菇、土豆。

因为久违，我对茨菇有了感情。前几年，北京的菜市场在春节前后有卖茨菇的。我见到，必要买一点回来加肉炒了。家里人都不怎么爱吃。所有的茨菇，都由我一个人"包圆儿"了。

北方人不识茨菇。我买茨菇，总要有人问我："这是什么？"——"茨菇。"——"茨菇是什么？"这可不好回答。

北京的茨菇卖得很贵，价钱和"洞子货"（温室所产）的西红柿、野鸡脖韭菜差不多。

我很想喝一碗咸菜茨菇汤。

我想念家乡的雪。

虎头鲨·昂嗤鱼·砗螯·螺蛳·蚬子

苏州人特重塘鳢鱼。上海人也是，一提起塘鳢鱼，眉飞色舞。塘鳢鱼是什么鱼？我向往之久矣。到苏州，曾想尝尝塘鳢鱼，未能如愿。后来我知道：塘鳢鱼就是虎头鲨，嗐！

塘鳢鱼亦称土步鱼。《随园食单》：“杭州以土步鱼为上品，而金陵人贱之，目为虎头蛇，可发一笑。”虎头蛇即虎头鲨。这种鱼样子不好看而且有点凶恶。浑身紫褐色，有细碎黑斑，头大而多骨，鳍如蝶翅。这种鱼在我们那里也是贱鱼，是不能上席的。苏州人做塘鳢鱼有清炒、椒盐多法。我们家乡通常的吃法是氽汤，加醋、胡椒。虎头鲨氽汤，鱼肉极细嫩，松而不散，汤味极鲜，开胃。

昂嗤鱼的样子也很怪，头扁嘴阔，有点像鲇鱼，无鳞，皮色黄，有浅黑色的不规整的大斑。无背鳍，而背上有一根很硬的尖锐的骨刺。用手捏起这根骨刺，它就发出昂嗤昂嗤小小的声音。这声音是怎么发出来的，我一直没弄明白。这种鱼是由这种声音得名的。它的学名是什么，只有去问鱼类学专家了。这种鱼没有很大的，七八寸长的，就算难得的了。这种鱼也很贱，连乡下人也看不起。我的一个亲戚在农村插队，见到昂嗤鱼，买了一些，农民都笑他：“买这种鱼干什么！”昂嗤鱼其实是很好吃的。昂嗤鱼通常也是氽汤。虎头鲨是醋汤，昂嗤鱼不加醋，汤白如牛乳，是所谓“奶汤”。昂嗤鱼也极细嫩，鳃边的两块蒜瓣肉有大拇指大，堪称至味。有一年，北京一家鱼店不知从哪里运来一些昂嗤鱼，无人问津。顾客都不识这是啥鱼。有一位卖鱼的老师傅倒知道：“这是昂嗤。”我看到，高兴极了，买了十来条。回家一做，满不是那么一回事！昂嗤要吃活的（虎头鲨也是活杀）。长途转运，又在冷库里冰了一些日子，肉质变硬，鲜味全失，一点意思都没有！

砗螯我的家乡叫馋螯，砗螯是扬州人的叫法。我在大连见到花蛤，我以为就是砗螯，不是。形状很相似，入口全不同。花蛤肉粗而硬，咬不动。砗螯极柔软细嫩。砗螯好像是淡水里产的，但味道却似海鲜。有点像蛎黄，但比蛎黄味道清爽。比青蛤、蚶子味厚。砗螯可清炒，烧豆腐，或与咸肉同煮。砗螯烧乌青菜（江南人叫塌苦菜），风味绝佳。乌青菜如是经霜而现拔的，尤美。我不食砗螯四十五年矣。

砗螯壳稍呈三角形，质坚，白如细磁，而有各种颜色的弧形花斑，有浅紫的，有暗红的，有赭石，墨蓝的，很好看。家里买了砗螯，挖出砗螯肉，我们就从一堆砗螯壳里去挑选，挑到好的，洗净了留起来玩。砗螯壳的铰合部有两个突出的尖嘴子，把尖嘴子在糙石上磨磨，不一会就磨出两个小圆洞，含在嘴里吹，呜呜地响，且有细细颤音，如风吹窗纸。

螺蛳处处有之。我们家乡清明吃螺蛳，谓可以明目。用五香煮熟螺蛳，分给孩子，一人半碗，由他们自己用竹签挑着吃，孩子吃了螺蛳，用小竹弓把螺蛳壳射到屋顶上，喀拉喀拉地响。夏天“检漏”，瓦匠总要扫下好些螺蛳壳。这种小弓不作别的用处，就叫做螺蛳弓，我在小说《戴东匠》里对螺蛳弓有较详细的描写。

蚬子是我所见过的贝类里最小的了，只有一粒瓜子大。蚬子是剥了壳卖的。剥蚬子的人家附近堆了好多蚬子壳，像一个坟头。蚬子炒韭菜，很下饭。这种东西非常便宜，为小户人家的恩物。

有一年修运河堤。按工程规定，有一段堤面应铺碎石，包工的贪污了款子，在堤面铺了一层蚬子壳。前来检收的委员，坐在汽车里，向外一看，白花花的一片，还抽着雪茄烟，连说：“很好！很好！”

我的家乡富水产。鱼之中名贵的是鳊鱼、白鱼（尤重翘嘴白）、鯚花鱼（即鳜鱼），谓之“鳊、白、鯚”。虾有青虾、白虾。蟹极肥。似无特点。故不及。

野鸭·鹌鹑·斑鸠·鵽

过去我们那里野鸭子很多。水乡，野鸭子自然多。秋冬之际，天上有时“过”野鸭子，黑乎乎的一大片，在地上可以听到它们鼓翅的声音，呼呼的，好像刮大风。野鸭子是枪打的（野鸭肉里常常有很细的铁砂子，吃时要小心），但打野鸭子的人自己不进城来卖。卖野鸭子有专门的摊子。有时卖鱼的也卖野鸭子，把一个养活鱼的木盆翻过来，野鸭一对一对地摆在盆底，卖野鸭子是不用秤约的，都是一对一对地卖。野鸭子是有一定分量的。依分量大小，有一定的名称，如“对鸭”“八鸭”。哪一种有多大分量，我现在已经记不清了。卖野鸭子都是带毛的。卖野鸭子的可以代客当场去毛，拔野鸭毛是不能用开水烫的。野鸭子皮薄，一烫，皮就破了。干拔。卖野鸭子的把一只鸭子放入一个麻袋里，一手提鸭，一手拔毛，一会儿就拔净了——放在麻袋里拔，是防止鸭毛飞散。代客拔毛，不另收费，卖野鸭子的只要那一点鸭毛——野鸭毛是值钱的。

野鸭的吃法通常是切块红烧。清炖大概也可以吧，我没有吃过。野鸭子肉的特点是：细、酥，不像家鸭每每肉老。野鸭烧咸菜是我们那里的家常菜。里面的咸菜尤其是佐粥的妙品。

现在我们那里的野鸭子很少了。前几年我回乡一次，偶有，卖得很贵。原因据说是因为县里对各乡水利作了全面综合治理，过去的水荡子、荒滩少了，野鸭子无处栖息。而且，野鸭子过去是吃收割后遗撒在田里的谷粒的，现在收割得很干净，颗粒归仓，野鸭子没有什么可吃的，不来了。

鹌鹑是网捕的。我们那里吃鹌鹑的人家少，因为这东西只有由乡下的亲戚送来，市面上没有卖的。鹌鹑大都是用五香卤了吃。也有用油炸了的。鹌鹑能斗，但我们那里无斗鹌鹑的风气。

我看见过猎人打斑鸠。我在读初中的时候。午饭后，我到学校后面的野地里去玩。野地里有小河，有野蔷薇，有金黄色的茼蒿花，有苍耳（苍耳子有小钩刺，能挂在衣裤上，我们管它叫“万把钩”），有才抽穗的芦荻。在一片树林里，我发现一个猎人。我们那里猎人很少，我从来没有见过猎人，但是我一看见他，就知道：他是一个猎人。这个猎人给我一个非常猛厉的印象。他穿了一身黑，下面却缠了鲜红的绑腿。他很瘦。他的眼睛黑，而且冷。他握着枪。他在干什么？树林上面飞过一只斑鸠。他在追逐这只斑鸠。斑鸠分明已经发现猎人了。它想逃脱。斑鸠飞到北面，在树上落一落，猎人一步一步往北走。斑鸠连忙往南面飞，猎人扬头看了一眼，斑鸠落定了，猎人又一步一步往南走，非常冷静。这是一场无声的，然而非常紧张的、坚持的较量。斑鸠来回飞，猎人来回走。我很奇怪，为什么斑鸠不往树林外面飞。这样几个来回，斑鸠慌了神了，它飞得不稳了，歪歪倒倒的，失去了原来均匀的节奏。忽然，砰，——枪声一响，斑鸠应声而落。猎人走过去，拾起斑鸠，看了看，装在猎袋里。他的眼睛很黑，很冷。

我在小说《异秉》里提到王二的熏烧摊子上，春天，卖一种叫做“鵽”的野味。这种东西我在别处没看见过。“鵽”这个字很多人也不认得。多数字典里不收。《辞海》里倒有这个字，标音为duò又读zhuā。zhuā与我乡读音较近，但我们那里是读入声的，这只有用国际音标才标得出来。即使用国际音标标出，在不知道“短促急收藏”的北方人也是读不出来的。《辞海》“鵽”字条下注云：“见鳩”，似以为“鵽”即“鵽鳩”。而在“鵽鳩”条下注云：“鸟名。雉属。即‘沙鸡’。”这就不对了。沙鸡我是见过的，吃过的。内蒙、张家口多出沙鸡。《尔雅•释鸟》郭璞注：“出北方沙漠地”，不错。北京冬季偶尔也有卖的。沙鸡嘴短而红，腿也短。我们那里的鵽却是水鸟，嘴长，腿也长。鵽的滋味和沙鸡有天渊之别。沙鸡肉较粗，略带酸味；鵽肉极细，非常香。我一辈子没有吃过比鵽更香的野味。

蒌蒿 · 枸杞 · 荠菜 · 马齿苋

小说《大淖记事》：“春初水暖，沙洲上冒出很多紫红色的芦芽和灰绿色的蒌蒿，很快就是一片翠绿了。”我在书页下方加了一条注：“蒌蒿是生于水边的野草，粗如笔管，有节，生狭长的小叶，初生二寸来高，叫做‘蒌蒿薹子’，加肉炒食极清香……”蒌蒿的蒌字，我小时不知怎么写，后来偶然看了一本什么书，才知道的。这个字音“吕”。我小学有一个同班同学，姓吕，我们就给他起了个外号，叫“蒌蒿薹子”（蒌蒿薹子家开了一爿糖坊，小学毕业后未升学，我们看见他坐在糖坊里当小老板，觉得很滑稽）。但我查了几本字典，“蒌”都音“楼”，我有点恍惚了。“楼”“吕”一声之转。许多从“娄”的字都读

“吕”，如“屡”“缕”“褛”……这本来无所谓，读“楼”读“吕”，关系不大。但字典上都说蒌蒿是蒿之一种，即白蒿，我却有点不以为然了。我小说里写的蒌蒿和蒿其实不相干。读苏东坡《惠崇春江晚景》诗：“竹外桃花三两枝，春江水暖鸭先知。蒌蒿满地芦芽短，正是河豚欲上时。”此蒌蒿生于水边，与芦芽为伴，分明是我的家乡人所吃的蒌蒿，非白蒿。或者“即白蒿”的蒌蒿别是一种，未可知矣。深望懂诗、懂植物学，也懂吃的博雅君子有以教我。

我的小说注文中所说的“极清香”，很不具体。嗅觉和味觉是很难比方，无法具体的。昔人以为荔枝味似软枣，实在是风马牛不相及。我所谓“清香”，即食时如坐在河边闻到新涨的春水的气味。

这是实话，并非故作玄言。

枸杞到处都有。开花后结长圆形的小浆果，即枸杞子。我们叫它“狗奶子”，形状颇像。本地产的枸杞子没有入药的，大概不如宁夏产的好。枸杞是多年生植物。春天，冒出嫩叶，即枸杞头。枸杞头是容易采到的。偶尔也有近城的乡村的女孩子采了，放在竹篮里叫卖：“枸杞头来……”枸杞头可下油盐炒食；或用开水焯了，切碎，加香油、酱油、醋，凉拌了吃。那滋味，也只能说“极清香”。春天吃枸杞头，云可以清火，如北方人吃苣荬菜一样。

“三月三，荠菜花赛牡丹。”俗谓是日以荠菜花置灶上，则蚂蚁不上锅台。

北京也偶有荠菜卖。菜市上卖的是园子里种的，茎白叶大，颜色较野生者浅淡，无香气。农贸市场间有南方的老太太挑了野生的来卖，则又过于细瘦，如一团乱发，制熟后强硬扎嘴。总不如南方野生的有味。

江南人惯用荠菜包春卷，包馄饨，甚佳。我们家乡有用来包春卷的，用来包馄饨的没有，——我们家乡没有“菜肉馄饨”。一般是凉拌。荠菜焯熟剁碎，界首茶干切细丁，入虾米，同拌。这道菜是可以上酒席做凉菜的。酒席上的凉拌荠菜都用手团成一座尖塔，临吃推倒。

马齿苋现在很少有人吃。古代这是相当重要的菜蔬。苋分人苋、马苋。人苋即今苋菜，马苋即马齿苋。我的祖母每于夏天摘肥嫩的马齿苋晾干，过年时做馅包包子。她是吃长斋的，这种包子只有她一个人吃。我有时从她的盘子里拿一个，蘸了香油吃，挺香。马齿苋有点淡淡的酸味。

马齿苋开花，花瓣如一小囊。我们有时捉了一个哑巴知了，知了是应该会叫的，捉住一个哑巴，多么扫兴！于是就摘了两个马齿苋的花瓣套住它的眼睛——马齿苋花瓣套知了眼睛正合适，一撒手，这知了就拼命往高处飞，一直飞到看不见！

三年自然灾害，我在张家口沙岭子吃过不少马齿苋。那时候，这是宝物！

栗子

栗子的形状很奇怪，像一个小刺猬。栗有“斗”，斗外长了长长的硬刺，很扎手。栗子在斗里围着长了一圈，一颗一颗紧挨着，很团结。当中有一颗是扁的，叫做脐栗。脐栗的味道和其他栗子没有什么两样。坚果的外面大都有保护层，松子有鳞瓣，核桃、白果都有苦涩的外皮，这大概都是为了对付松鼠而长出来的。

新摘的生栗子很好吃，脆嫩，只是栗壳很不好剥，里面的内皮尤其不好去。

把栗子放在竹篮里，挂在通风的地方吹几天，就成了“风栗子”。风栗子肉微有皱纹，微软，吃起来更为细腻有韧性。不像吃生栗子会弄得满嘴都是碎粒，而且更甜。贾宝玉为一件事生了气，袭人给他打岔，说：“我想吃风栗子了。你给我取去。”怡红院的檐下是挂了一篮风栗子的。风栗子入《红楼梦》，身价就高起来，雅了。这栗子是什么来头，是贾蓉送来的？刘姥姥送来的？还是宝玉自己在外面买的？不知道，书中并未交待。

栗子熟食的较多。我的家乡原来没有炒栗子，只是放在火里烤。冬天，生一个铜火盆，丢几个栗子在通红的炭火里，一会儿，砰的一声，蹦出一个裂了壳的熟栗子，抓起来，在手里来回倒，连连吹气使冷，剥壳入口，香甜无比，是雪天的乐事。不过烤栗子要小心，弄不好会炸伤眼睛。烤栗子外国也有，西方有“火中取栗”的寓言，这栗子大概是烤的。

北京的糖炒栗子，过去讲究栗子是要良乡出产的。良乡栗子比较小，壳薄，炒熟后个个裂开，轻轻一捏，壳就破了，内皮一搓就掉，不“护皮”。据说良乡栗子原是进贡的，是西太后吃的（北方许多好吃的东西都说是给西太后进过贡）。

北京的糖炒栗子其实是不放糖的，昆明的糖炒栗子真的放糖。昆明栗子大，炒栗子的大锅都支在店铺门外，用大如玉米豆的粗砂炒，不时往锅里倒一碗糖水。昆明炒栗子的外壳是黏的，吃完了手上都是糖汁，必须洗手。栗肉为糖汁沁透，很甜。

炒栗子宋朝就有。笔记里提到的“爋栗”，我想就是炒栗子。汴京有个叫李和儿的，爋栗有名。南宋时有一使臣（偶忘其名姓）出使，有人遮道献爋栗一囊，即汴京李和儿也。一囊爋栗，寄托了故国之思，也很感人。

日本人爱吃栗子，但原来日本没有中国的炒栗子。有一年我在广交会的座谈会上认识一个日本商人，他是来买栗子的（每年都来买）。他在天津曾开过一家炒栗了的店，回国后还卖炒栗子，而且把他在天津开的炒栗子店铺的招牌也带到日本去，一直在东京的炒栗子店里挂着。他现在发了财，很感谢中国的炒栗子。

北京的小酒铺过去卖煮栗子。栗子用刀切破小口，加水，入花椒大料煮透，是极好的下酒物。现在不见有卖的了。

栗子可以做菜。栗子鸡是名菜，也很好做，鸡切块，栗子去皮壳，加葱、姜、酱油，加水淹没鸡块，鸡块熟后，下绵白糖，小火焖二十分钟即得。鸡须是当年小公鸡，栗须完整不碎。罗汉斋亦可加栗子。

我父亲曾用白糖煨栗子，加桂花，甚美。

北京东安市场原来有一家卖西式蛋糕、冰点心的铺子卖奶油栗子粉。栗子粉上浇稀奶油，吃起来很过瘾。当然，价钱是很贵的。这家铺子现在没有了。

羊羹的主料是栗子面。“羊羹”是日本话，其实只是潮湿的栗子面压成长方形的糕，与羊毫无关系。

河北的山区缺粮食，山里多栗树，乡民以栗子代粮。栗子当零食吃是很好吃的，但当粮食吃恐怕胃里不大好受。

蚕豆

汪曾祺

北京快有新蚕豆卖了。

我小时吃蚕豆，就想过这个问题：为什么叫蚕豆？到了很大的岁数，才明白过来：因为这是养蚕的时候吃的豆。我家附近没有养蚕的，所以联想不起来。四川叫胡豆，我觉得没有道理。中国把从外国来的东西冠之以胡、番、洋，如番茄、洋葱。但是蚕豆似乎是中国本土早就有的，何以也加一“胡”字？四川人也有写作“葫豆”的，也没有道理。葫是大蒜。这种豆和大蒜有什么关系？也许是因为这种豆结荚的时候也正是大蒜结球的时候？这似乎也勉强。小时候读鲁迅的文章，提到罗汉豆，叫我好一阵猜，想象不出是怎样一种豆。后来才知道，嗐，就是蚕豆。鲁迅当然是知道全国大多数地方是叫蚕豆的，偏要这样写，想是因为这样写才有绍兴特点，才亲切。

蚕豆是很好吃的东西，可以当菜，也可以当零食。各种做法，都好吃。

我的家乡，嫩蚕豆连内皮炒。或加一点碎切的咸菜，尤妙。稍老一点，就剥去内皮炒豆瓣。有时在炒红苋菜时加几个绿蚕豆瓣，颜色既鲜明，也能提味。有一个女同志曾在我家乡的乡下落户，说房东给她们做饭时在鸡蛋汤里放一点蚕豆瓣，说是非常好吃。这是乡下做法，城里没有这么做的。蚕豆老了，就连皮煮熟，加点盐，可以下酒，也可以白嘴吃。有人家将煮熟的大粒蚕豆用线穿成一挂佛珠，给孩子挂在脖子上，一颗一颗地剥了吃，孩子没有不高兴的。

江南人吃蚕豆与我们乡下大体相似。上海一带的人把较老的蚕豆剥去内皮，重油炒成蚕豆泥，好吃。用以佐粥，尤佳。

四川、云南吃蚕豆和苏南、苏北人亦相似。云南季节似比江南略早。前年我随作家访问团到昆明，住翠湖宾馆。吃饭时让大家点菜。我点了一个炒豌豆米，一个炒青蚕豆，作家下箸后都说："汪老真会点菜！"其时北方尚未见青蚕豆，故觉得新鲜。

北京人是不大懂吃新鲜蚕豆的。北京人爱吃扁豆、豇豆，而对蚕豆不赏识。因为北京人很少种蚕豆，蚕豆不能对北京人有鲁迅所说的"蛊惑"。北京的蚕豆是从南方运来的，卖蚕豆的也多是南方人。南豆北调，已失新鲜，但毕竟是蚕豆。

蚕豆到"落而为箕"，晒干后即为老蚕豆。老蚕豆仍可做菜。老蚕豆浸水生芽，江南人谓之为"发芽豆"，加盐及香料煮熟，是下酒菜。我的家乡叫"烂蚕豆"。北京人加一个字，叫做"烂和蚕豆"。我在民间文艺研究会工作的时候，在演乐胡同上班，每天下班都见一个老人卖烂和蚕豆。这老人至少有七十大几了，头发和两腮的短鬓都已经是雪白的了。他挎着一个腰圆的木盆，慢慢地从胡同这头走到那头，哑声吆喝着：烂和蚕豆……后来老人不知得了什么病，头抬不起来，但还是折倒了颈子，埋着头，卖烂和蚕豆，只是不再吆喝了。又过些日子，老人不见了，我想是死了。不知道为什么，我每次吃烂和蚕豆，总会想起这位老人。我想的是什么呢？人的生活啊……

老蚕豆可炒食，一种是水泡后砂炒的，叫“酥蚕豆”。我的家乡叫“沙蚕豆”。一种是以干蚕豆入锅炒的，极硬，北京叫“铁蚕豆”。非极好牙口，是吃不了铁蚕豆的。北京有句歇后语：老太太吃铁蚕豆——闷了。我想没有哪个老太太会吃铁蚕豆，一颗铁蚕豆闷软和了，得多长时间！我的老师沈从文先生在中老胡同住的时候，每天有一个骑着自行车卖铁蚕豆的从他的后墙窗外经过，吆喝“铁蚕豆”……这人是个中年汉子，是个出色的男高音，他的声音不但高、亮、打远，而且尾音带颤。其时沈先生正因为遭受迫害而精神紧张，我觉得这卖铁蚕豆的声音也会给他一种压力，因此我忘不了铁蚕豆。

蚕豆作零食，有：入水稍泡，油炸。北京叫“开花豆”。我的家乡叫“兰花豆”，因为炸之前在豆嘴上剁一刀，炸后豆瓣四裂，向外翻开，形似兰花。

上海老城隍庙有售奶油五香豆。

苏州有油酥豆板，乃以绿蚕豆瓣入油炸成。我记得从前的油酥豆板是撒盐的，后来吃的却是裹了糖的，没有加盐的好吃。

四川北碚的怪味胡豆味道真怪，酥、脆、咸、甜、麻、辣。

蚕豆可作调料。做川味菜离不开郫县豆瓣。我家里郫县豆瓣是周年不缺的。

北京就快有青蚕豆卖了，谷雨已经过了。

豆腐

汪曾祺

豆腐点得比较老的，为北豆腐。听说张家口地区有一个堡里的豆腐能用秤钩钩起来，扛着秤杆走几十里路。这是豆腐吗？点得较嫩的是南豆腐。再嫩即为豆腐脑。比豆腐脑稍老一点的，有北京的“老豆腐”和四川的豆花。比豆腐脑更嫩的是湖南的水豆腐。

豆腐压紧成型，是豆腐干。

卷在白布层中压成大张的薄片，是豆腐片。东北叫干豆腐。压得紧而且更薄的，南方叫百叶或千张。

豆浆锅的表面凝结的一层薄皮撩起晾干，叫豆腐皮，或叫油皮。我的家乡则简单地叫做皮子。

豆腐最简便的吃法是拌。买回来就能拌。或入开水锅略烫，去豆腥气。不可久烫，久烫则豆腐收缩发硬。香椿拌豆腐是拌豆腐里的上上品。嫩香椿头，芽叶未舒，颜色紫赤，嗅之香气扑鼻，入开水稍烫，梗叶转为碧绿，捞出，揉以细盐，候冷，切为碎末，与豆腐同拌（以南豆腐为佳），下香油数滴。一箸入口，三春不忘。香椿头只卖得数日，过此则叶绿梗硬，香气大减。其次是小葱拌豆腐。北京有歇后语：“小葱拌豆腐——一青二白。”可见这是北京人家家都吃的小菜。拌豆腐特宜小葱，小葱嫩、香。葱粗如指，以拌豆腐，滋味即减。我和林斤澜在武夷山，住一招待所。斤澜爱吃拌豆腐，招待所每餐皆上拌豆腐一大盘，但与豆腐同拌的是青蒜。青蒜炒回锅肉甚佳，以拌豆腐，配搭不当。北京人有用韭菜花、青椒糊拌豆腐的，这是侉吃法，南方人不敢领教。而南方人吃的松花蛋拌豆腐，北方人也觉得岂有此理。这是一道上海菜，我第一次吃到却是在香港的一家上海饭馆里，是吃阳澄湖大闸蟹之前的一道凉菜。北豆腐、松花蛋切成小骰子块，同拌，无姜汁蒜泥，只少放一点盐而已。好吃吗？用上海话说：蛮崭格！用北方话说：旱香瓜——另一个味儿。咸鸭蛋拌豆腐也是南方菜，但必须用敝乡所产“高邮咸蛋”。高邮咸蛋蛋黄色如朱砂，多油，和豆腐拌在一起，红白相间，只是颜色即可使人胃口大开。别处的咸鸭蛋，尤其是北方的，蛋黄色浅，又无油，却不中吃。

烧豆腐大体可分为两大类：用油煎过再加料烧的；不过油煎的。

北豆腐切成厚二分的长方块，热锅温油两面煎。油不必多，因豆腐不吃油。最好用平底锅煎。不要煎得太老，稍结薄壳，表面发皱，即可铲出，是名“虎皮”。用已备好的肥瘦各半熟猪肉，切大片，下锅略煸，加葱、姜、蒜、酱油、绵白糖，兑入原猪肉汤，将豆腐推入，加盖猛火煮二三开，即放小火咕嘟。约十五分钟，收汤，即可装盘。这就是“虎皮豆腐”。如加冬菇、虾米、辣椒及豆豉即是“家乡豆腐”。或加菌油，即是湖南有名的“菌油豆腐”——菌油豆腐也有不用油煎的。

“文思和尚豆腐”是清代扬州有名的素菜，好几本菜谱著录，但我在扬州一带的寺庙和素菜馆的菜单上都没有见到过。不知道文思和尚豆腐是过油煎了的，还是不过油煎的。我无端地觉得是油煎了的，而且无端地觉得是用黄豆芽吊汤，加了上好的口蘑或香蕈、竹笋，用极好秋油，文火熬成。什么时候材料凑手，我将根据想象，试做一次文思和尚豆腐。我的文思和尚豆腐将是素菜荤做，放猪油，放虾子。

虎皮豆腐切大片，不过油煎的烧豆腐则宜切块，六七分见方。北方小饭铺里肉末烧豆腐，是常备菜。肉末烧豆腐亦称家常豆腐。烧豆腐里的翘楚，是麻婆豆腐。相传有陈婆婆，脸上有几粒麻子，在乡场上摆一个饭摊，挑油的脚夫路过，常到她的饭摊上吃饭，陈婆婆把油桶底下剩的油刮下来，给他们烧豆腐。后来大人先生也特意来吃她烧的豆腐。于是麻婆豆腐名闻遐迩。陈麻婆是个值得纪念的人物，中国烹饪史上应为她大书一笔，因为麻婆豆腐确实很好吃。做麻婆豆腐的要领是：一要油多。二要用牛肉末。我曾做过多次麻婆豆腐，都不是那个味儿，后来才知道我用的是瘦猪肉末。牛肉末不能用猪肉末代替。三是要用郫县豆瓣。豆瓣须剁碎。四是要用文火，俟汤汁渐渐收入豆腐，才起锅。五是起锅时要撒一层川花椒末。一定得用川花椒，即名为“大红袍”者。用山西、河北花椒，味道即差。六是盛出就吃。

如果正在喝酒说话，应该把说话的嘴腾出来。麻婆豆腐必须是：麻、辣、烫。

昆明最便宜的小饭铺里有小炒豆腐。猪肉末，肥瘦，豆腐捏碎，同炒，加酱油，起锅时下葱花。这道菜便宜，实惠，好吃。不加酱油而用盐，与番茄同炒，即为番茄炒豆腐。番茄须烫过，撕去皮，炒至成酱，番茄汁渗入豆腐，乃佳。

砂锅豆腐须有好汤，骨头汤或肉汤，小火炖，至豆腐起蜂窝，方好。砂锅鱼头豆腐，用花鲢（即胖头鱼）头，劈为两半，下冬菇、扁尖（腌青笋）、海米，汤清而味厚，非海参鱼翅可及。

“汪豆腐”好像是我的家乡菜。豆腐切成指甲盖大的小薄片，推入虾子酱油汤中，滚几开，勾薄芡，盛大碗中，浇一勺熟猪油，即得。叫做“汪豆腐”，大概因为上面泛着一层油。用勺舀了吃。吃时要小心，不能性急，因为很烫。滚开的豆腐，上面又是滚开的油，吃急了会烫坏舌头。我的家乡人喜欢吃烫的东西，语云：“一烫抵三鲜。”乡下人家来了客，大都做一个汪豆腐应急。周巷汪豆腐很有名。我没有到过周巷，周巷汪豆腐好，我想无非是虾子多，油多。近年高邮新出一道名菜：雪花豆腐，用盐，不用酱油。我想给家乡的厨师出个主意：加入蟹白（雄蟹白的油，即蟹的精子），这样雪花豆腐就更名贵了。

不知道为什么，北京的老豆腐现在见不着了，过去卖老豆腐的摊子是很多的。老豆腐其实并不老，老，也许是和豆腐脑相对而言。老豆腐的佐料很简单：芝麻酱、腌韭菜末。爱吃辣的浇一勺青椒糊。坐在街边摊头的矮脚长凳上，要一碗老豆腐，就半斤旋烙的大饼，夹一个薄脆，是一顿好饭。

四川的豆花是很妙的东西，我和几个作家到四川旅游，在乐山吃饭。几位作家都去了大馆子，我和林斤澜钻进一家只有穿草鞋的乡下人光顾的小店，一人要了一碗豆花。豆花只是一碗白汤，啥都没有。豆花用筷子夹出来，蘸"味碟"里的作料吃。味碟里主要是豆瓣。我和斤澜各吃了一碗热腾腾的白米饭，很美。豆花汤里或加切碎的青菜，则为"菜豆花"。北京的豆花庄的豆花乃以鸡汤煨成，过于讲究，不如乡坝头的豆花存其本味。

北京的豆腐脑过去浇羊肉口蘑渣熬成的卤。羊肉是好羊肉，口蘑渣是碎黑片蘑，还要加一勺蒜泥水。现在的卤，羊肉极少，不放口蘑，只是一锅稠糊糊的酱油黏汁而已。即便是过去浇卤的豆腐脑，我觉得也不如我们家乡的豆腐脑。我们那里的豆腐脑温在紫铜扁钵的锅里，用紫铜平勺盛在碗里，加秋油、滴醋、一点点麻油，小虾米、榨菜末、芹菜（药芹即水芹菜）末。清清爽爽，而多滋味。

中国豆腐的做法多矣，不胜记载。四川作家高缨请我们在乐山的山上吃过一次豆腐宴，豆腐十好几样，风味各别，不相雷同。特别是豆腐的质量极好。掌勺的老师傅从磨豆腐到烹制，都是亲自为之，绝不假手旁人。这一顿豆腐宴可称寰中一绝！

豆腐干南北皆有。北京的豆腐干比较有特点的是熏干。熏干切长片拌芹菜，很好。熏干的烟熏味和芹菜的芹菜香相得益彰。花干、苏州干是从南边传过来的，北京原先没有。北京的苏州干只是用味精取鲜，苏州的小豆腐干是用酱油、糖、冬菇汤煮出后晾得半干的，味长而耐嚼。从苏州上车，买两包小豆腐干，可以一直嚼到郑州。香干亦称茶干。我在小说《茶干》中有较细的描述：

……豆腐出净渣，装在一个小蒲包里，包口扎紧，入锅，码好，投料，加上好香油，上面用石头压实，文火煨煮，要煮很长时间。煮得了，再一块一块从蒲包里倒出来，这种茶干是圆形的，周围较厚、中间较薄，周身有蒲包压出来的细纹……这种茶干外皮是深紫色的，掰了，里面是浅褐色的。很结实，嚼起来很有咬劲，越嚼越香，是佐茶的妙品，所以，叫做“茶干”。

茶干原出界首镇，故称“界首茶干”。据说乾隆南巡，过界首，曾经品尝过。

干丝是淮扬名菜。大方豆腐干，快刀横披为片，刀工好的师傅一块豆腐干能片十六片；再立刀切为细丝。这种豆腐干是特制的，极坚致，切丝不断，又绵软，易吸汤汁。旧本只有拌干丝。干丝入开水略煮，捞出后装高足浅碗，浇麻油酱醋。青蒜切寸段，略焯，五香花生米搓去皮，同拌，尤妙。煮干丝的兴起也就是五六十年的事。干丝母鸡汤煮，加开阳（大虾米），火腿丝。我很留恋拌干丝，因为味道清爽，现在只能吃到煮干丝了。干丝本不是“菜”，只是吃包子烧卖的茶馆里，在上点心之前喝茶时的闲食。现在则是全国各地淮扬菜系的饭馆里都预备了。我在北京常做煮干丝，成了我们家的保留节目。北京很少遇到大白豆腐干，只能用豆腐片或百叶切丝代替。口感稍差，味道却不逊色，因为我的煮干丝里下了干贝。煮干丝没有什么诀窍，什么鲜东西都可往里搁。干丝上桌前要放细切的姜丝，要嫩姜。

臭豆腐是中国人的一大发明。我在上海、武汉都吃过。长沙火宫殿的臭豆腐毛泽东年轻时常去吃。后来回长沙，又特意去吃了一次，说了一句话：“火宫殿的臭豆腐还是好吃。”这就成了“最高指示”，写在照壁上。火宫殿的臭豆腐遂成全国第一。油炸臭豆腐干，宜放辣椒酱、青蒜。南京夫子庙的臭豆腐干是小方块，用竹签像冰糖葫芦似的串起来卖，一串八块。昆明的臭豆腐不用油炸，在炭火盆上搁一个铁篦子，臭豆腐干放在上面烤焦，别有风味。

在安徽屯溪吃过霉豆腐，长条豆腐，长了二寸长的白色的绒毛，在平底锅中煎熟，蘸酱油辣椒青蒜吃。凡到屯溪者，都要去尝尝。

豆腐乳各地都有。我在江西进贤参加土改，那里的农民家家都做腐乳。进贤原来很穷，没有什么菜吃，顿顿都用豆腐乳下饭。做豆腐乳，放大量辣椒面，还放柚子皮，味道非常强烈，广西桂林、四川忠县、云南路南所出豆腐乳都很有名，各有特点。腐乳肉是苏州松鹤楼的名菜，肉味浓醇，入口即化。广东点心很多都放豆腐乳，叫做“南乳××饼”。

南方人爱吃百叶。百叶结烧肉是宁波、上海人家常吃的菜。上海老城隍庙的小吃店里卖百叶结：百叶包一点肉馅，打成结，煮在汤里，要吃，随时盛一碗。一碗也就是四五只百叶结。北方的百叶缺韧性，打不成结，一打结就断。百叶可入臭卤中腌臭，谓之“臭千张”。

杭州知味观有一道名菜：炸响铃。豆腐皮（如过干，要少润一点水），瘦肉剁成细馅，加葱花细姜末，入盐，把肉馅包在豆腐皮内，成一卷，用刀剁成寸许长的小段，下油锅炸得馅熟皮酥，即可捞出。油温不可太高，太高豆皮易煳。这菜嚼起来发脆响，形略似铃，故名响铃。做法其实并不复杂。肉剁极碎，成泥状（最好用刀背剁），平摊在豆腐皮上，折叠起来，如小钱包大，入油炸，亦佳。不入油炸，而以酱油冬菇汤煮，豆皮层中有汁，甚美。北京东安市场拐角处解放前有一家肉店宝华春，兼卖南味熟肉，卖一种酒菜：豆腐皮切细条，在酱肉汤中煮透，捞出，晾至微干，很好吃，不贵。现在宝华春已经没有了。豆腐皮可做汤。炖酥腰（猪腰炖汤）里放一点豆腐皮，则汤色雪白。

考察臭豆腐

汪朗

京城特色吃食中，有一样名头很大，辈分很高，味道很独特，却很少被文人雅士提及，这就是臭豆腐。准确说，是王致和臭豆腐。

臭豆腐的地位，上世纪中期已经很高。1935年，北平市政府秘书处编纂出版了一部《旧都文物略》，详细介绍了古都风貌，其中有一段京城饮食简介："平市著名食物，如'月盛斋'之酱羊肉，'六必居'之酱菜，'王致和'之臭豆腐，'信远斋'之酸梅汤，'恩德元'之包子，'穆家寨'之炒疙瘩，'灶温'之烂肉面，安儿胡同之烤羊肉，门框胡同之酱牛肉，'滋兰斋'之玫瑰饼，'同和居'之大豆腐，'二妙堂'之合碗酪，'新丰楼'之芝麻元宵，'都一处'之炸三角，'正阳楼'之螃蟹，'东来顺'之涮羊肉，'西来顺'之炸羊尾，'兰花斋'之蜜糕，'全家楼'之汤爆肚，'便宜坊'之烤鸭，'致美斋'之萝卜丝饼，'福兴居'之锅贴，'虾米居'之兔儿脯，'聚仙居'之灌肠，'沙锅居'之白肉，冬日之菊花锅，夏日之冰碗，均极脍炙人口，喧腾一时。”

按此排序，臭豆腐在当时京城著名食物中，居然位列第三，而不少名餐馆如东兴楼、全聚德的菜品却榜上无名，另一家以烤鸭闻名的老字号便宜坊虽然入选，但排名也在后面。《旧都文物略》的主撰为北平市政府主任秘书汤用彬先生，他是国学大师汤用彤的长兄，新旧两学皆精，民国时还做过几个省的秘书长，也算是吃过见过的主儿。这样一个人在推介京城特色食品时，为何要选王致和而弃全聚德呢？也许，汤先生所看重的是吃食的平民性和性价比，烤鸭子并非人人能享用，臭豆腐、炒疙瘩、包子、灌肠却是一般人家都吃得起的，因此要重点推介。这倒也是一种标准，虽然不够“高大上”。

不过，臭豆腐名头虽大，却非京城独有，鲁迅先生的老家绍兴就出产这东西。周作人先生便曾以“臭豆腐”为题写过文章，内云：“近日百物腾贵，手捏三四百元出门，买不到什么小菜。四百元只够买一块酱豆腐，而豆腐一块也要百元以上，加上盐和香油生吃，既不经吃也不便宜，这时候只有买臭豆腐最是上算了。这只要百元一块，味道颇好，可以杀饭，却又不能多吃，大概半块便可下一顿饭，这不是很经济的嘛。这一类食品在我们乡下出产很多，豆腐做的是霉豆腐，分红霉豆腐和臭霉豆腐两种（棋子霉豆腐附），有霉千张，霉苋菜梗，霉菜头，这些乃家里自制的。外边改称霉豆腐臭豆腐，这也没什么关系，但本地别有一种臭豆腐，用油炸了吃的，所以在乡下人看来，这名称是有点缠来的了。”文中提到的货币，应该是第一套人民币，一九五五年第二套人民币发行后，两者的折换率为第一套人民币一百元等于第二套人民币一分钱。如此看来，臭豆腐确实是既臭且贱。

启明先生的文章，刊载在一九四九十二月二十六日的上海《亦报》，当时他已返回北京，靠翻译和写作为生。从这段文字可以看出，当时京城臭豆腐价钱仅为酱豆腐的四分之一，故而是“杀饭”的利器。再有，京城的臭豆腐和绍兴的臭霉豆腐大致相同，与那里的臭豆腐则不是一回事。绍兴的臭豆腐是放在臭卤坛中浸泡而成的，有点借臭的意思，而北京臭豆腐的味道却是自身腐败到极点的产物，属于自来臭，因而更加深厚悠长。

京城臭豆腐虽非独步天下，但说道却是别处比不了的。有关臭豆腐起源的权威读本之一，是曾任王致和南酱园经理的李联邦先生一九八四年写的一篇文章，题目就叫《王致和臭豆腐》。如今网上流传的关于王致和臭豆腐的种种说法，基本来源于此。据李先生说，相传王致和是安徽仙源县举人，清康熙八年（1669年）进京参加会试落第，因无回乡盘缠，只能滞留京城，等待下科考试。为谋生计，王致和于是做起了豆腐生意。有一次赶上夏天，做出的豆腐没卖完，他怕坏了，便切成四方小块，配上盐、花椒等佐料，放在一口小缸里腌上。结果一忙把这件事情忘了。等到想起来，已经是数月之后，打开小缸一看，豆腐已成青色，虽然臭味扑鼻，但是别具风味，邻里品尝后，无不称奇。王致和屡试不中，索性经营起臭豆腐来，并于康熙十七年（一六七八年）在前门外延寿寺街创建了王致和南酱园，主营臭豆腐，兼营酱豆腐、豆腐干和一些酱菜。清末，臭豆腐传入宫廷御膳房，成为慈禧太后喜爱的一道日常小菜，慈禧太后还赐名“青方”，遂使其身价倍增。

这段记述尽管广为流传，却有几处漏洞。其一，安徽并无仙源县，只有仙源镇，过去是太平县的县城，而太平县存在了一千多年，前些年才改为为黄山市黄山区。其二，康熙八年并未举行过会试即录取进士的考试，比较靠近的会试时间是康熙六年和九年，这一点只要查查清代状元名录便可了然。康熙六年丁未科的状元为缪彤，康熙九年庚戌科的状元为蔡启僔。因此即便有王致和这么一位举人，他也不可能在康熙八年参加什么进士考试。其三，中国许多地方一直将臭豆腐称为青方，包括绍兴，因此很难说青方是慈禧给王致和臭豆腐的赐名。

尽管有这些漏洞，我倒是觉得关于王致和与臭豆腐的记述大致可信。理由如下：一、仙源虽然不是县名，但毕竟是个确切地界。仙源镇所在的太平县属于古徽州，至今徽州还有一道名吃毛豆腐，其制作方法与北京臭豆腐生产工艺的前几道工序完全相同，都要通过发酵让豆腐块长出密密的白毛，略微发臭，只不过到了这一步毛豆腐就直接加工食用了，而臭豆腐还要进行后发酵，直到臭味更加强烈。因此，臭豆腐相当于毛豆腐的升级版。二、康熙八年虽非春闱之年，但由于会试时间在次年的三月初九、十二和十五日，一些偏远地方的举子为避免耽搁考期，往往会提前赴京备考，因此王致和在这一年来到京城也是可能的。

三，从王致和南酱园这一字号可以看出，其创办者是打南边来的，而且还有些身份。一个卖臭豆腐的平头百姓，是不太敢将自己的名字用在店名上的。北京一些小商铺的字号也有带名字的，但都是有姓无名，而且姓氏都是附着在后面，像什么茶汤李、馄饨侯、小肠陈、烤肉季，因此王致和没准还真是个举人，若无这等功名，商号就该是“臭豆腐王”了。

京城臭豆腐名气虽大，身价却不高。过去北京一般人家不过用来就窝头吃，或是用臭豆腐汤拌擀条儿，再加上点香油、酱油和米醋调制成的“三合油”，臭中带香，别是一个味儿。喜欢臭豆腐就热汤面者，绝对就是食臭高手了。这两年，臭豆腐的地位有所提高，外地人到北京吃涮羊肉，若是能点上一盘炸窝头配臭豆腐，准会被另眼相待，因为这是“老北京”近些年才兴起的吃法，而且味道与涮羊肉很搭。我的一个朋友，还用臭豆腐渍制臭鳜鱼，据说味道不错。

记得上中学时经常要批判个人主义，说这个东西像臭豆腐一样，闻着臭吃着香，很难除根，要不断“割韭菜”，后来又发展为全民性的“狠斗私字一闪念”。如今，臭豆腐风味依旧，“一闪念”则很少有人提了。

卤煮出身

汪朗

几年前，部门两同事闲聊时谈起了南北小吃之长短，一言不合，舌战顿起。一方为河南籍男士，嗜肉喜荤，说是上海小吃没吃头，除了米面就是米面，还是北京的好。另一方为上海籍女士，闻言气哼哼地反击说："北京小吃有什么好，有什么好？除了下水，就是下水！"我在一旁不禁暗笑：到底是泱泱大报记者，连评论小吃都有宏观意识，一棒子打倒一大片。

细想一下，两人观点都有些道理。就说北京的小吃吧，尽管也有豌豆黄、芸豆卷、艾窝窝、江米切糕等米面制品，有些据称还有御膳血统，但不少人念念于心的还是下水系列，像什么炒肝、爆肚、羊杂汤、卤煮火烧。这一点，就连一些老外也都明戏。前两年，美国副总统拜登访华时，专门到鼓楼旁边的一家小吃店就餐，搞了场亲民秀。这家店就卖卤煮火烧和炒肝儿，炒肝儿在京城颇有名头，有人为此还编了两句顺口溜："何处吃炒肝儿，鼓楼一拐弯儿。"我们报社的一个老总编，虽非土生土长北京人，但是过一段总要找地方吃碗卤煮火烧，把"三高"之类的顾忌全然抛在一边，说是想得慌。可见北京小吃下水系列的诱惑力。

京城吃食有一大特点，就是常带帝王之气，有点皇。由于明清两代皇上的穿着都以黄色为尊，也可以“黄”代“皇”。过去北京百姓总爱说自己生活在“天子脚下”，以此推论，大菜小吃沾点儿“脚气”，添些黄色儿，似乎是天经地义的事情。然而，了解历史的人都明白，当年紫禁城的外面，还建有厚厚的一圈皇城，把天子和庶民阻隔得严严实实，一般人等甭说一睹天颜，就连最高领导得了禽流感什么的，都未必承接得上。吃喝上面更是很难互联互通。

不过，凡事都兴许有例外。大家既然同在四九城里住着，皇上哪天在宫里呆烦了，悄悄溜达出来吃顿小馆儿；御膳房的厨子偶尔喝高了，迷迷糊糊把皇家菜点操作秘笈传给亲朋好友，都是保不齐的事。有此想象空间，京城的不少吃食于是就有了辉煌历史，黄了起来，就连最平民化的食品也不例外，比如卤煮火烧。

据北京一家颇有名气的卤煮火烧店的网站介绍：“乾隆四十五年（1870年），清高宗乾隆巡视南下，曾下榻于扬州安澜官员陈元龙家中，陈府家厨张东官揣度皇帝的口味，为乾隆爷精心设计并炖制出一道荤菜，乾隆食用后大加赞赏，张东官也因此随驾进京入了御膳房，这道新菜取名‘苏造肉’，意为苏州大厨所制。此菜后来传入民间，为适应平民百姓食用，后人尝试改用廉价的猪下水，特别是以猪肠为原料代替五花肉，其风味更加独特，由此‘苏造肉’演变为‘卤煮小肠’”。说得是有鼻子有眼。

更有文章宣称，上面这段文字出自嵯峨浩的《食在宫廷》一书。嵯峨浩出身日本贵族，1937年嫁给末代皇帝的弟弟溥杰之后改随夫姓，变成了爱新觉罗浩。由她来认可卤煮火烧的皇家渊源，名分上倒是相宜。不过，虽然爱新觉罗浩确实写过一本《食在宫廷》，书中也确实有关于安澜园（并非安澜官员）、张三官的记载，但同样确实的是，书中并没有关于苏造肉的这段论述，只是在“苏灶肘子”的做法中，顺便提了一句“苏灶鱼”和“苏灶肉”。甚矣！想沾点黄色儿自高身价可以理解，但基本史实总要弄弄清楚才是，忒不靠谱就成了扯淡。

嵯峨浩是日本人，嫁给溥杰时已是“满洲国”时期，对于中国历史和宫廷餐饮的了解，不少又是道听途说，因而表述中难免出现舛误。比如，她将安澜园所在地说成了江苏的江宁，其实是在浙江海宁的盐官镇。不过这总比某些国人把安澜园搬到扬州好些，起码还对了一个字。另外，她对“苏灶”的说法也不准确，《食在宫廷》的中文译者已经在书中注明，清宫御膳底档中只有“苏造”而无“苏灶”。

关于苏造肉，唐鲁孙、邓云乡、刘叶秋等美食前辈和民俗专家都有过描述，而且所见所闻全在什刹海荷花市场。七八十年前，这里是京城平民消夏祛暑的好去处。

在唐鲁孙先生印象中，当年的荷花市场，除了卖茶水冰碗儿凉果外，只有一个冯记“苏造肉”，每年只在这里做一季买卖。苏造肉摊子上虽然摆着一个小插屏写着“冯记”，可是认识他的人都叫他“老嘎”。据说老嘎在光绪末年，跟御膳房高首领当过

苏拉，学会了做苏造肉。老嘎的苏造肉，据他自己乱啼，说是乾隆皇帝下江南到苏州后，跟姑苏名庖学来的做法，让御膳房仿作的。不过他老人家不太喜欢菜太甜，所以冰糖的分量减了。做苏造肉最要紧的是选肉，一定要后腿偏点瘦的五花三层嫩肉。肉拾掇干净后，微炸出油，然后放上作料，文火去炖，大约一个时辰，肉就又酥又入味啦。老嘎的苏造肉，每天以十五斤为限，等到秋蝉咽露，渐透嫩凉，荷花市场一结束，要吃老嘎的苏造肉，那要等明年荷花季再说吧。

唐鲁孙是光绪皇帝珍、瑾二妃的堂侄孙，自幼出入禁掖，对宫廷膳食多有了解，但总体评价不高，认为其实远不如民间美食。从“据说”“乱啼”这些用词中，看得出唐先生对苏造肉之“黄”是持怀疑态度的。

邓云乡先生见到的苏造肉已有了变化：“这是一种把五花猪肉，和肝、肚等放在一个铁锅内红烧，汤很宽，锅中一半是正在烧着的喷香的肉，一半是汤，可以煮火烧。你要买时，卖的人从锅中捞出点肉，切碎，放在碗中，再根据买主需要，切一二个在肉汤中煮着的火烧，也放在碗中，浇上一些肉汤。这是一种很实惠的食品，而且很卫生，因为肉锅一直在火上，肉汤一直小开着。这很像上海城隍庙卖的排骨年糕。”

刘叶秋先生则认为：“苏造肉，就是现在所说的卤煮小肠，但选料精，洗涤净，烹调得法，佐料齐全。除去猪肉之外，还有心肝肠肚，都煮得极烂，离老远就闻见香气扑鼻，加上浸在肉汤里的硬面火烧，更为引人食欲，不由得想来一碗尝尝。”

刘邓两位先生比唐先生晚生十年左右，因此他们的描述应该反映出苏造肉的由高而下的变迁。以后，不知什么人将京城的另一种小吃卤煮豆腐并入苏造肉，遂使卤煮火烧的形制基本完备，食材搭配更加合理，滋味也更为丰富。

现今的卤煮火烧，全无当年苏造肉的雅致，瘦多肥少的后腿肉已不见踪影，心肝肚之类的高档下货也被摒除，留在锅中的，只有小肠、肺头和少量肥膘肉，外加炸豆腐和硬面火烧。放下身段的卤煮火烧，因其价廉物美，反倒有了更多拥趸。不少食客还在网上开展了卤煮火烧排名，力挺自己中意的店家，闹得不亦乐乎。这些推介意见中，涉及的都是小肠拾掇得是否干净，火烧煮得透不透，味道是咸还是淡，分量给的足不足，却没见有人争论御膳遗风有几分。那玩意儿，估计谁也吃不出来。

其实，有特色的吃食，再草根也会有市场，犯不上死乞白赖地和古今中外脚气黄色儿啥啥的挂钩，否则难免出闹笑话。其他事物亦如此。

可惜，总会有人不明戏。

秋果浓蔬

汪曾祺

今天的活是收萝卜。收萝卜是可以随便吃的——有些果品不能随便吃，顶多尝两个，如二十世纪明月（梨）、柔丁香（葡萄），因为产量太少了，很金贵。萝卜起出来，堆成小山似的。农业工人很有经验，一眼就看出来，这是一般的，过了磅卖出去；这几个好，留下来自己吃。不用刀，用棒子打它一家伙，“棒打萝卜”嘛。喀嚓一声，萝卜就裂开了。萝卜香气四溢，吃起来甜、酥、脆。我们种的是心里美。张家口这地方的水土好像特别宜于萝卜之类作物生长，苤蓝有篮球大，疙瘩白（圆白菜）像一个小铜盆。萝卜多汁，不艮，不辣。

红皮小水萝卜，生吃也很好（有萝卜我不吃水果），我的家乡叫做“杨花萝卜”，因为杨树开花时卖。过了那几天就老了。小红萝卜气味清香。

江青说过：“小萝卜去皮，真是煞风景！”我们有时陪她看电影，开座谈会，听她东一句西一句地漫谈。开会都是半夜（她白天睡觉，夜里办公），会后有一点夜宵。有时有凉拌小萝卜。人民大会堂的厨师做小萝卜都是削皮的。萝卜去皮，吃

起来不香。

南方的黄瓜不如北方的黄瓜，水叽叽的，吃起来没有黄瓜香。

都爱吃夏初出的顶花带刺的嫩黄瓜，那是很好吃，一咬满口香，嫩黄瓜最好攥在手里整咬，不必拍，更不宜切成细丝。但也有人爱吃二茬黄瓜——秋黄瓜。

呼和浩特有一位老八路，官称“老李森”。此人保留了很多农民的习惯，说起话来满嘴粗话。我们请他到宾馆里来介绍情况，他脱下一只袜子来，一边摇着这只袜子，一边谈，嘴里隔三句就要加一个“我操你妈”！他到一个老朋友曹文玉家来看我们。曹家院里有几架自种的黄瓜，他进门就摘了两条嚼起来。曹文玉说：“你洗一洗！”——“洗它做啥！”

我老是想起这两句话：“宁吃一斗葱，莫逢屈突通。”这两句话大概出自杨升庵的《古谣谚》。屈突通不知是什么人，印象中好像是北朝的一个很凶恶的武人。读书不随手做点笔记，到要用时就想不起来了。我为什么老是要想起这两句话呢？因为我每天都要吃葱，爱吃葱。

“小葱拌豆腐——一清（青）二白”，每年小葱下来时我都要吃几次小葱拌豆腐，盐，香油，少量味精。

再过几天，新葱——新鲜的大葱就下来了。

我在一九五八年定为“右派”，尚未下放，曾在西山八大处干了一阵活，为大葱装箱。是山东大葱，出口的，可能是出口到东南亚的。这样好的大葱我真没有见过，葱白够一尺长，粗如擀面杖。我们的任务是把大葱在大箱里码整齐，钉上木板。闻得出来，这大葱味甜不辣，很香。

新山药（土豆，马铃薯）快下来了，新山药入大笼蒸熟，一揭屉盖，喷香！山药说不上有什么味道，可是就是有那么一种新山药气。羊肉卤蘸莜面卷，新山药，塞外美食。

苤蓝、茄子，口外都可以生吃。

第三辑

食　事

吃食和文学

口味·耳音·兴趣

我有一次买牛肉。排在我前面的是一个中年妇女，看样子是个知识分子，南方人。轮到她了，她问卖牛肉的：“牛肉怎么做？”我很奇怪，问：“你没有做过牛肉？”——“没有。我们家不吃牛羊肉。”——“那您买牛肉——？”——“我的孩子大了，他们会到外地去。我让他们习惯习惯，出去了好适应。”这位做母亲的用心良苦。我于是尽了一趟义务，把她请到一边，讲了一通牛肉做法，从清炖、红烧、咖喱牛肉，直到广东的蚝油炒牛肉、四川的水煮牛肉、干煸牛肉丝……

有人不吃羊肉。我们到内蒙去体验生活，有一位女同志不吃羊肉，——闻到羊肉味都恶心，这可苦了。她只好顿顿吃开水泡饭，吃咸菜。看见我吃手抓羊贝子（全羊）吃得那样香，直生气！

有人不吃辣椒。我们到重庆去体验生活。有几个女演员去吃汤圆，进门就嚷嚷“不要辣椒”！卖汤圆的冷冷地说：“汤圆没有放辣椒的！”

许多东西不吃，“下去”，很不方便。到一个地方，听不懂那里的话，也很麻烦。

我们到湘鄂赣去体验生活。在长沙，有一个同志的鞋坏了去修鞋，鞋铺里不收，“为什么？”——“修鞋的不好过。”——“什么？”——“修鞋的不好过！”我只得给他翻译一下，告诉他修鞋的今天病了，他不舒服。上了井冈山，更麻烦了：井冈山说的是客家话。我们听一位队长介绍情况，他说这里没有人肯当干部，他挺身而出，他老婆反对，说是“辣子毛补，两头秀腐”——“什么什么？”我又得给他翻译：“辣椒没有营养，吃下去两头受苦。”这样一翻译可就什么味道也没有了。

我去看昆曲，“打虎游街”“借茶活捉”……好戏。小丑的苏白尤其传神，看得津津有味，不时发出笑声。邻座是一个唱花旦的京剧女演员，好听不懂，直着急，老问：“他说什么？说什么？”我又不能逐句翻译，她很遗憾。

我有一次到民族饭店去找人，身后有几个少女在叽叽呱呱地说很地道的苏州话。一边的电梯来了，一个少女大声招呼她的同伴：“乘面乘面（这边这边）！”

我回头一看：说苏州话的是几个美国人！

我们那位唱花旦的女演员在语言能力上比这几个美国少女可差多了。

一个文艺工作者、一个作家、一个演员的口味最好杂一点，从北京的豆汁到广东的龙虱都尝尝（有些吃的我也招架不了，比如贵州的鱼腥草）；耳音要好一些，能多听懂几种方言，四川话、苏州话、扬州话（有些话我也一句不懂，比如温州话）。否则，是个损失。

口味单调一点、耳音差一点，也还不要紧，最要紧的是对生活的兴趣要广一点。

苦瓜是瓜吗?

昨天晚上，家里吃白兰瓜。我的一个小孙女，还不到三岁，一边吃，一边说："白兰瓜、哈密瓜、黄金瓜、华莱士瓜、西瓜，这些都是瓜。"我很惊奇了：她已经能自己经过归纳，形成"瓜"的概念了（没有人教过她）。这表示她的智力已经发展到了一个重要的阶段。凭借概念，进行思维，是一切科学的基础。她奶奶问她："黄瓜呢？"她点点头。"苦瓜呢？"她摇了摇头，并且说明她的理由："苦瓜不像瓜。"我于是进一步想：我对她的概念的分析是不完全的。原来在她的"瓜"概念里除了好吃不好吃，还有一个像不像的问题（苦瓜的表皮疙里疙瘩的，也确实不大像瓜）。我翻了翻《辞海》，看到苦瓜属葫芦科。那么，我的孙女认为苦瓜不是瓜，是有道理的。我又翻了翻《辞海》的"黄瓜"条：黄瓜也是属葫芦科。苦瓜、黄瓜习惯上都叫

苦瓜
秋尚未
嘗過苦
瓜冬莧
菜即葵
此為古人
之要蔬
品滋味
香滑北人
多不識

做瓜；而另一种很“像”瓜的东西，在北方却称之为：“西葫芦”。瓜乎？葫芦乎？苦瓜是不是瓜呢？我倒糊涂起来了。

前天有两个同乡因事到北京，来看我。吃饭的时候，有一盘炒苦瓜。同乡之一问：“这是什么？”我告诉他是苦瓜。他说：“我倒要尝尝。”夹了一小片入口：“乖乖！真苦啊！——这个东西能吃？为什么要吃这种东西？”我说：“酸甜苦辣咸，苦也是五味之一。”他说：“不错！”我告诉他们这就是癞葡萄。另一同乡说：“‘癞葡萄’，那我知道的。癞葡萄能这个吃法？”

“苦瓜”之名，我最初是从石涛的画上知道的。我家里有不少有正书局珂罗版印的画集，其中石涛的画不少。我从小喜欢石涛的画。石涛的别号甚多，除石涛外有释济、清湘道人、大涤子、瞎尊者和苦瓜和尚。但我不知道苦瓜为何物。到了昆明，一看：哦，原来就是癞葡萄！我的大伯父每年都要在后园里种几棵癞葡萄，不是为了吃，是为了成熟之后摘下来装在盘子里看着玩的。有时也剖开一两个，挖出籽儿来尝尝。有一点甜味，并不好吃。而且颜色鲜红，如同一个一个血饼子，看起来很刺激，也使人不敢吃它。当作菜，我没有吃过。有一个西南联大的同学，是个诗人，他整了我一下子。我曾经吹牛，说没有我不吃的东西。他请我到一个小饭馆吃饭，要了三个菜：凉拌苦瓜、炒苦瓜、苦瓜汤！我咬咬牙，全吃了。从此，我就吃苦瓜了。

苦瓜原产于印度尼西亚，中国最初种植是广东、广西。现在云南、贵州都有。据我所知，最爱吃苦瓜的似是湖南人。有一盘炒苦瓜，——加青辣椒、豆豉，少放点猪肉，湖南人可以吃三碗饭。石涛是广西全州人，他从小就是吃苦瓜的，而且一定很爱吃。“苦瓜和尚”这别号可能有一点禅机，有一点独往独来，不随流俗的傲气，正如他叫“瞎尊者”，其实并不瞎；但也可能是一句实在话。石涛中年流寓南京，晚年久住扬州。南京人、扬州人看见这个和尚拿癞葡萄炒了吃，一定会觉得非常奇怪的。

北京人过去是不吃苦瓜的。菜市场偶尔有苦瓜卖，是从南方运来的，买的人也都是南方人。近二年来北京人也有吃苦瓜的了，有人还很爱吃。农贸市场卖的苦瓜都是本地的菜农种的，所以格外鲜嫩。看来人的口味是可以改变的。

由苦瓜我想到几个有关文学创作的问题：

一、应该承认苦瓜也是一道菜。谁也不能把苦从五味里开除出去。我希望评论家、作家——特别是老作家，口味要杂一点，不要偏食，不要对自己没有看惯的作品轻易地否定、排斥。不要像我的那位同乡一样，问道：“这个东西能吃？为什么要吃这种东西？”提出“这样的作品能写？为什么要写这样的作品？”我希望他们能习惯类似苦瓜一样的作品，能吃出一点味道来，如现在的某些北京人。

二、《辞海》说苦瓜“未熟嫩果作蔬菜，成熟果瓤可生食”。对于苦瓜，可以各取所需，愿吃皮的吃皮，愿吃瓤的吃瓤。对于一个作品，也可以见仁见智。可以探索其哲学意蕴，也可以踪迹其美学追求。北京人吃凉拌芹菜，只取嫩茎，西餐馆做罗宋汤则专要芹菜叶。人弃人取，各随尊便。

三、一个作品算是现实主义的也可以，算是现代主义的也可以，只要它真是一个作品。作品就是作品。正如苦瓜，说它是瓜也行说它是葫芦也行，只要它是可吃的。苦瓜就是苦瓜。——如果不是苦瓜，而是狗尾巴草，那就另当别论。截至现在为止，还没有人认为狗尾巴草很好吃。

咸菜和文化

偶然和高晓声谈起“文化小说”，晓声说：“什么叫文化？——吃东西也是文化。”我同意他的看法。这两天自己在家里腌韭菜花，想起咸菜和文化。

咸菜可以算是一种中国文化。西方似乎没有咸菜。我吃过“洋泡菜”，那不能算咸菜。日本有咸菜，但不知道有没有中国这样盛行。“文革”前福建日报登过一则猴子腌咸菜的新闻，一个新华社归侨记者用此材料写了一篇对外的特稿：“猴子会腌咸菜吗？”被批评为“资产阶级新闻观点”。——为什么这就是资产阶级新闻观点呢？猴子腌咸菜，大概是跟人学的。于此可以证明咸菜在中国是极为常见的东西。中国不出咸菜的地方大概不多。各地的咸菜各有特点，互不雷同。北京的水疙瘩、天津的津冬菜、保定的春不老。“保定有三宝，铁球、面酱、春不老”，我吃过苏州的春不老，是用带缨子的很小的萝卜腌制的，腌成后寸把长的小缨子还是碧绿的，极嫩，微甜，好吃，名字也起得好。保定的春不老想也是这样的。周作人曾说他的家乡经常吃的是咸极了的咸鱼和咸极了的咸菜。鲁迅《风波》里写的蒸得乌黑的干菜很诱人。腌雪里蕻南北皆有。上海人爱吃咸菜肉丝面和雪笋汤。云南曲靖的韭菜花风味绝佳。曲靖韭菜花的主料其实是细切晾干的萝卜丝，与北京作为吃涮羊肉的调料的韭菜花不同。贵州有冰糖酸，乃以芥菜加醪糟、辣子腌成。四川咸菜种类极多，据说必以自流井的粗盐腌制乃佳。行销（真是“行销”）全国，远至海外（有华侨的地方），堪称咸菜之王的，应数榨菜。朝鲜辣菜也可以算是咸菜。延边的腌蕨菜北京偶有卖的，人多不识。福建的黄萝卜很有名，可惜未曾吃过。我的家乡每到秋末冬初，多数人家都腌萝卜干。到店铺里做学徒，要“吃三年萝卜干饭”，言其缺油水也。中国咸菜多矣，此不能备载。如果有人写一本《咸菜谱》，将是一本非常有意思的书。

咸菜起于何时，我一直没有弄清楚。古书里有一个“菹”字，我少时曾以为是咸菜。后来看《说文解字》，菹字下注云：“酢菜也”，不对了。汉字凡从酉者，都和酒有点关系。酢菜现在还有。昆明的“茄子酢”、湖南乾城的“酢辣子”，都有是密封在坛子里使酒化了的，吃起来都带酒香。这不能算是咸菜。有一个齑字，则确乎是咸菜了。这是切碎了腌的，这东西的颜色是发黄的故称“黄齑”。腌制得法，“色如金钗般”云。我无端地觉得，这恐怕就是酸雪里蕻。齑似乎不是很古的东西。这个字的大量出现好像是在宋人的笔记和元人的戏曲里。这是穷秀才和和尚常吃的东西。“黄齑”成了嘲笑秀才和和尚，亦为秀才和和尚自嘲的常用的话头。中国咸菜之多，制作之精，我以为跟佛教有一点关系。佛教徒不茹荤，又不一定一年四季吃到新鲜蔬菜，于是就在咸菜上打主意。我的家乡腌咸菜腌得最好的是尼姑庵。尼姑到相熟的施主家去拜年，都要备几色咸菜。关于咸菜的起源，我在看杂书时还要随时留心，并希望博学而好古的馋人有以教我。

和咸菜相伯仲的是酱菜。中国的酱菜大别起来，可分为北味的与南味的两类。北味的以北京来代表。六必居、天源、后门的“大葫芦”都很好。——“大葫芦”门悬大葫芦为记，现在好像已经没有了。保定酱菜有名，但与北京酱菜区别实不大。南味的以扬州酱菜为代表，商标为“三和”“四美”。北方酱菜偏咸，南则偏甜。中国好像什么东西都可以拿来酱。萝卜、瓜、莴苣、蒜苗、甘露、藕，乃至花生、核桃、杏仁，无不可酱。北京酱菜里有酱银苗，我到现在还不知道究竟是什么东西。只有荸荠不能酱。我的家乡不兴到酱油园里开口说买酱荸荠，那是骂人的话。

酱菜起于何时，我也弄不清楚。不会很早。因为制酱菜有个前提，必得先有酱，——豆制的酱。酱——酱油，是中国一大发明。“柴米油盐酱醋茶”，酱为开门七事之一。中国菜多数要放酱油。西方没有。有一个京剧演员出国，回来总结了一条经验，告诫同行，以后若有出国机会，必须带一盒固体酱油！没有郫县豆瓣，就做不出“正宗川味”。但是中国古代的酱和现在的酱不是一发酵的肉酱。《说文》酱字注云从肉、从酉、爿声。这是加盐、加酒，经过发酵的肉酱。《周礼·天官·膳夫》：“凡王之馈，酱用百有二十瓮。”郑玄注：“酱，谓醯醢也。”醯、醢，都是肉酱。大概较早出现的是豉，其后才有现在的酱。汉代著作中提到的酱，好像已是豆制的。东汉王充《论衡》：“作豆酱恶闻雷”，明确提到豆酱。《齐民要术》提到酱油，但其时已至北魏，距现在一千五百多年——当然，这也相当古了。酱菜的起源，我现在没有查出来，俟诸异日吧。

考查咸菜和酱菜的起源，我不反对，而且颇有兴趣。但是，也不一定非得寻出它的来由不可。

“文化小说”的概念颇含糊。小说重视民族文化，并从生活的深层追寻某种民族文化的“根”，我以为是未可厚非的。小说要有浓郁的民族色彩，不在民族文化里腌一腌、酱一酱，是不成的，但是不一定非得寻得那么远，非得追寻到一种苍苍莽莽的古文化不可。古文化荒邈难稽（连咸菜和酱菜的来源我们还不清楚）。寻找古文化，是考古学家的事，不是作家的事。从食品角度来说，与其考察太子丹请荆轲吃的是什么，不如追寻一下“春不老”；与其查究楚辞里的“蕙肴蒸”，不如品味湖南豆豉；与其追溯断发文身的越人怎样吃蛤蜊，不如蒸一碗梅干菜，喝两杯黄酒。我们在小说里要表现的文化，首先是现在的，活着的；其次是昨天的，消逝不久的。理由很简单，因为我们可以看得见，摸得着，尝得出，想得透。

且说全家福

汪朗

一九六五年前后，北京人过年要比现在认真得多。

当时“三年自然灾害”已经过去，但粮油肉蛋还要限量供应，平常百姓平常油水很少，因此过年总要吃上两顿饺子，弄上几个好菜，滋润一下干枯的肠胃。

春节前的几天，京城的东单、西单、朝内、崇文门这四大菜市场挤满了人，从开门直到收摊。其密度，绝不亚于现在的协和医院。这几家菜市场是北京的门面，卖的货比副食店强得多。猪肉，往往能见到四指膘的肥肉。北京人当年衡量猪肉质量，以肥肉的厚度为标准，肥肉达到成人平伸的手掌两根指头的宽度，为二指膘，以此类推。四指膘的猪肉，已经是极品了，做成红烧肉上面漂着厚厚的一层油，看着就解馋！一般副食店的肉，能有二指膘就不错了。除此之外，这几家菜市场还有南方来的香肠腊肉和各种细菜，都是平常难得一见的稀罕物。因此多数摊位前都会有百十号人乃至更多的人在排队，有时队伍太长甚至要拐到菜市场大门之外。

我们家过年去菜市场很少买肉，排不起长队。多数时候是到菜摊买点细菜，南方的塌古菜、瓢儿菜，炒着吃，如果还能碰上冬笋，这个年就更有滋味了。本地的韭黄、青韭，用来包饺子、包馄饨。青韭比一般韭菜细得多，呈嫩绿色，包馄饨味道极清香。现在市面上已看不到了。这些菜北京人买的人不多，一是不认识，另外价钱也比较高。再有就是买些水发货，几根海参、三五个墨斗鱼、两三条蹄筋、两三片玉兰片，北京人把水发冬笋称为玉兰片，挺有诗意。如果能碰上水发鱿鱼则更好。北京人觉得这些发货水不唧唧的，一下锅全都抽抽了，不如吃红烧肉来劲儿，因此卖这些发货的地方很少有人排队。买这些东西，是为了做一道菜，全家福。将这些发货买好，再配上煮熟的猪肚、猪心和五花肉，发好的冬菇和假鱼肚即炸猪皮，这道菜的原料就基本齐全了。做全家福，食材种类总要多些，如此才名副其实。若只有三四样东西，只能叫做岁寒三友或是四六不成材了。

做全家福，火候刀工没什么严格要求，只是水发鱿鱼或墨鱼要打个花刀，和蹄筋一道飞一遍水，除去碱味，其余原料只需切巴切巴入锅同烩就是了，待到诸物软熟，各种滋味融为一体，便可上桌了。我们家当年做全家福都是老爹操持，印象中只是逢年过节才会做这道菜，其余时间包括请客都很少做。除了采买费事外，可能老头儿觉得只有全家人凑到一起，吃这个全家福才有意思。

细究起来，全家福有着相当高贵的出身，其历史可以追溯到两千多年前的西汉末年。当时的名字叫五侯鲭。发明者是个叫娄护的人。

且说汉成帝刘骜上任之后，为了调和娘家人的矛盾，一天之内把互不服气的王谭、王商、王立、王根、王逢时五个舅舅全都封了侯。大家彼此彼此，省得见天掐架。没想到，这五个舅舅成了“侯”，照样谁也不待见谁，自己不来往不说，还严禁门下宾客相互接触，让皇上白忙活一场。唯一能打破五侯“冷战”局面的，就是娄护。

据《西京杂记》记载：“娄护、丰辩，传食五侯间，各得其心，竞致奇膳，护乃合以为鲭，世称五侯鲭，以为奇味焉。”传食，就是辗转受人供养的意思。看来，这个娄护确实了得，凭着三寸不烂之舌，能把老王家五个侯爷哄得舒舒坦坦，能给自己挣得不少好吃好喝，还能对中国美食的发展有所贡献，因为闹出了个“五侯鲭”。尽管是歪打正着。

五侯鲭之“鲭”，并非一种鱼，也不念“青”，其音为“蒸”，指将鱼肉合烧的菜肴。据说，一次王家五侯同时给娄护送来好吃的，让他很是为难。虽然是美味纷呈，但肚子毕竟有限。拣其中最好的吃吧，又怕得罪其他侯，日后无法再去传食，断了吃路。思来想去，娄护终于想出一招儿：把鱼呀肉呀的混在一起回锅咕嘟咕嘟，免得发馊变味，日后慢慢享用。没想到，五侯送来的吃食经过这么一咕嘟，味道比原来还好，于是这种“鲭”便流行开来。人们根据其原料的出处，称之为“五侯鲭”。看来，古往今来靠卖嘴皮子混饭的主儿，还真不能一棍子全打死，谁知道里面藏着几个美食家呢。

娄护创立“五侯鲭”，尽管出于无心，却暗合烹饪之道。中国菜所用食材，有的唯我独尊，不假他物自成佳味，如螃蟹、血蚶之类；更多的则很有团队精神，合烹之后，菜品味道更为鲜美。全家福便是其中的典型。此外，各菜系大都有“鲭”之类的“杂烩”，像川菜中的“清蒸杂烩”“蚕丝杂烩”，粤菜中的“满坛香”，淮扬菜中的“什锦火锅”。最有名者，当属福建的“佛跳墙”，所用原料，有鱼翅、鲍鱼、鱼唇、鱼肚、干贝、刺参、肥鸡、净鸭、鸭肫、鸽蛋、火腿、猪肉、猪肚、猪脑、猪蹄、蹄筋、羊肘、花菇、冬笋等二十余种。制作时先将上述物件进行初步加工，然后分别放入绍兴酒坛中，用小火“咕嘟”几个小时，待各种原料的味道相互融合，成为一体后，方算大功告成。

娄护的事迹在《汉书》中也有记载，而且是在《游侠传》中。书中说其名为楼护，字君卿。还说他读了不少杂书，能诵“医经、本草、方术数十万言”，嘴巴又巧，因此很快讨得上流社会的欢心。对于娄户之“丰辩”，《汉书》中的记录更为详细：“是时，王氏方盛，宾客满门，五侯兄弟争名，其客各有所厚，不得左右，唯护尽入其门，咸得其欢心……为人短小精辩，论议常依名节，听之者皆竦。与谷永俱为五侯上客，长安号曰‘谷子云笔札，楼君卿唇舌’，言其见信用也。”能成为长安城里公认的第一名嘴，这个楼护的白话儿功夫确实不一般。

至于楼护发明五侯鲭的故事，《汉书》则不载，大概觉得此种“咕嘟咕嘟”的创新，于“游”虽有染，与“侠”却无关，只能割爱。中国正史之中，往往少见生活细节，因此不如野史看着有意思。

比“五侯鲭”级别更高的大烩菜也还有，出在明代宫廷之中。明末太监刘若愚在《酌中志》中介绍了不少宫中的吃食，并且明确指出：“先帝最喜用炙蛤蜊、炒鲜虾、田鸡腿及笋鸡脯，又海参、鳆鱼、鲨鱼筋、肥鸡、猪蹄筋共烩一处，恒喜用焉。”此处所说的鳆鱼就是现在的鲍鱼，再早古籍中的鲍鱼则另有所指。《新苑·杂言》曰：“与恶人居，如入鲍鱼之肆，久而不闻其臭，亦与之化矣。”这里所说的鲍鱼其实是臭咸鱼。刘若愚提到的“先帝”，乃明熹宗朱由校，就是那个宠信太监魏忠贤和奶妈客氏，把朝政弄得一塌糊涂的天启帝。此人治国能力虽差，但辨味水平看来一点不含糊。想想也是，世上还是吃货当起来比较容易。

现如今，五侯鲭似乎已没什么人做了，但是将海参、鳆鱼等材料共烩一处的烹饪法还能见到，北京曲园酒楼的海味全家福走的就是这个路子，只是原料种类更多些，还加上了冬菇、冬笋、虾仁、肉丸等食材，如今算是店里的招牌菜。这道菜如果想攀高枝儿，朱由校倒是现成的人选，可以起个“天启全家福”之类的名字唬人。不过，找个败家皇帝当招牌，没准倒把招牌菜搞砸了。还是算了吧。

世上“皇”色，还是离得远些为好。

少年不識愁滋味

一九七八年 芗祺試宣州帋

泡茶馆

“泡茶馆”是联大学生特有的语言。本地原来似无此说法，本地人只说“坐茶馆”。“泡”是北京话。其含义很难准确地解释清楚。勉强解释，只能说是持续长久地沉浸其中，像泡泡菜似的泡在里面。“泡蘑菇”“穷泡”，都有长久的意思。北京的学生把北京的“泡”字带到了昆明，和现实生活结合起来，便创造出一个新的语汇。“泡茶馆”，即长时间地在茶馆里坐着。本地的“坐茶馆”也含有时间较长的意思。到茶馆里去，首先是坐，其次才是喝茶（云南叫吃茶）。不过联大的学生在茶馆里坐的时间往往比本地人长，长得多，故谓之“泡”。

有一个姓陆的同学，是一怪人，曾经徒步旅行半个中国。这人真是一个泡茶馆的冠军。他有一个时期，整天在一家熟识的茶馆里泡着。他的盥洗用具就放在这家茶馆里。一起来就到茶馆里去洗脸刷牙，然后坐下来，泡一碗茶，吃两个烧饼，看书。一直到中午，起身出去吃午饭。吃了饭，又是一碗茶，直到吃晚饭。晚饭后，又是一碗，直到街上灯火阑珊，才夹着一本很厚的书回宿舍睡觉。

昆明的茶馆共分几类，我不知道。大别起来，只能分为两类，一类是大茶馆，一类是小茶馆。

正义路原先有一家很大的茶馆，楼上楼下，有几十张桌子。都是荸荠紫漆的八仙桌，很鲜亮。因为在热闹地区，坐客常满，人声嘈杂。所有的柱子上都贴着一张很醒目的字条："莫谈国事。"时常进来一个看相的术士，一手捧一个六寸来高的硬纸片，上书该术士的大名（只能叫做大名，因为往往不带姓，不能叫"姓名"；又不能叫"法名""艺名"，因为他并未出家，也不唱戏），一只手捏着一根纸媒子，在茶桌间绕来绕去，嘴里念说着"送看手相不要钱"！"送看手相不要钱"——他手里这根媒子即是看手相时用来指示手纹的。

这种大茶馆有时唱围鼓。围鼓即由演员或票友清唱。我很喜欢"围鼓"这个词。唱围鼓的演员、票友好像是不取报酬的，只是一群有同好的闲人聚拢来唱着玩，但茶馆却可借来招揽顾客，所以茶馆便于闹市张贴告条："某月日围鼓。"到这样的茶馆里来一边听围鼓，一边吃茶，也就叫做"吃围鼓茶"。"围鼓"这个词大概是从四川来的，但昆明的围鼓似多唱滇剧。我在昆明七年，对滇剧始终没有入门，只记得不知什么戏里有一句唱词"孤王头上长青苔"。孤王的头上如何会长青苔呢？这个设想实在是奇，因此一听就永不能忘。

我要说的不是那种"大茶馆"。这类大茶馆我很少涉足，而且有些大茶馆，包括正义路那家兴隆鼎盛的大茶馆，后来大都陆续停闭了。我所说的是联大附近的茶馆。

从西南联大新校舍出来，有两条街，凤翥街和文林街，都不长。这两条街上至少有不下十家茶馆。

从联大新校舍，往东，折向南，进一座砖砌的小牌楼式的街门，便是凤翥街。街角右手第一家便是一家茶馆。这是一家小茶馆，只有三张茶桌，而且大小不等、形状不一的茶具也是比较粗糙的，随意画了几笔兰花的盖碗。除了卖茶，檐下挂着大串大串的草鞋和地瓜（即湖南人所谓的凉薯），这也是卖的。张罗茶座的是一个女人。这女人长得很强壮，皮色也颇白净。她生了好些孩子。身边常有两个孩子围着她转，手里还抱着一个孩子。她经常敞着怀，一边奶着那个早该断奶的孩子，一边为客人冲茶。她的丈夫，比她大得多，状如猿猴，而目光锐利如鹰。他什么事情也不管，但是每天下午却捧了一个大碗喝牛奶。这个男人是一头种畜。这情况使我们颇为不解。这个白皙强壮的妇人，只凭一天卖几碗茶，卖一点草鞋、地瓜，怎么能喂饱了这么多张嘴，还能供应一个懒惰的丈夫每天喝牛奶呢？怪事！中国的妇女似乎有一种天授的惊人的耐力，多大的负担也压不垮。

由这家往前走几步，斜对面，曾经开过一家专门招徕大学生的新式茶馆。这家茶馆的桌椅都是新打的，涂了黑漆。堂倌系着白围裙。卖茶用细白瓷壶，不用盖碗（昆明茶馆卖茶一般都用盖碗）。除了清茶，还卖沱茶、香片、龙井。本地茶客从门外过，伸头看看这茶馆的局面，再看看里面坐得满满的大学生，就会挪步另走一家了。这家茶馆没有什么值得一记的事，而且开了不久就关了。联大学生至今还记得这家茶馆是因为隔壁有一家卖花生米的。这家似乎没有男人，站柜卖货是姑嫂两人，都还年轻，成天涂脂抹粉。尤其是那个小姑子，见人走过，辄作媚笑。联大学生叫她花生西施。这西施卖花生米是看人行事的。好看的来买，就给得多。难看的给得少。因此我们每次买花生米都推选一个挺拔英俊的“小生”去。

再往前几步，路东，是一个绍兴人开的茶馆。这位绍兴老板不知怎么会跑到昆明来，又不知为什么在这条小小的凤翥街上来开一爿茶馆。他至今乡音未改。大概他有一种独在异乡为异客的情绪，所以对待从外地来的联大学生异常亲热。他这茶馆里除了卖清茶，还卖一点芙蓉糕、萨其玛、月饼、桃酥，都装在一个玻璃匣子里。我们有时觉得肚子里有点缺空而又不到吃饭的时候，便到他这里一边喝茶一边吃两块点心。有一个善于吹口琴的姓王的同学经常在绍兴人茶馆喝茶。他喝茶，可以欠账。不但喝茶可以欠账，我们有时想看电影而没有钱，就由这位口琴专家出面向绍兴老板借一点。绍兴老板每次都是欣然地打开钱柜，拿出我们需要的数目。我们于是欢欣鼓舞，兴高采烈，迈开大步，直奔南屏电影院。

再往前，走过十来家店铺，便是凤翥街口，路东路西各有一家茶馆。

路东一家较小，很干净，茶桌不多。掌柜的是个瘦瘦的男人，有几个孩子。掌柜的事情多，为客人冲茶续水，大都由一个十三四岁的大儿子担任，我们称他这个儿子为“主任儿子”。街西那家又脏又乱，地面坑洼不平，一地的烟头、火柴棍、瓜子皮。茶桌也是七大八小，摇摇晃晃，但是生意却特别好。从早到晚，人坐得满满的。也许是因为风水好。这家茶馆正在凤翥街和龙翔街交接处，门面一边对着凤翥街，一边对着龙翔街，坐在茶馆，两条街上的热闹都看得见。到这家吃茶的全部是本地人，本街的闲人、赶马的“马锅头”、卖柴的、卖菜的。他们都抽叶子烟。要了茶以后，便从怀里掏出一个烟盒——圆形，皮制的，外面涂着一层黑漆，打开来，揭开覆盖着的菜叶，拿出剪好的金堂叶子，一支一支地卷起来。茶馆的墙壁上张贴、涂抹得乱七八糟。但我却于西墙上发现了一首诗，一首真正的诗：

记得旧时好，
跟随爹爹去吃茶。
门前磨螺壳，
巷口弄泥沙。

是用墨笔题写在墙上的。这使我大为惊异了。这是什么人写的呢？

每天下午，有一个盲人到这家茶馆来说唱。他打着扬琴，说

吾鄉陽城塆皆皆有雙耳匋壺出土鄉人稱之為韓瓶謂乜
韓世忠士卒所用水壺以浸梅花可以諧子藝祺一九八二年十月偶寫

唱着。照现在的说法，这应是一种曲艺，但这种曲艺该叫什么名称，我一直没有打听着。我问过“主任儿子”，他说是“唱扬琴的”，我想不是。他唱的是什么？我有一次特意站下来听了一会儿，是：

……

良田美地卖了，
高楼大厦拆了，
娇妻美妾跑了，
狐皮袍子当了

……

我想了想，哦，这是一首劝戒鸦片的歌，他这唱的是鸦片烟之为害。这是什么时候传下来的呢？说不定是林则徐时代某一忧国之士的作品。但是这个盲人只管唱他的，茶客们似乎都没有在听，他们仍然在说话，各人想自己的心事。到了天黑，这个盲人背着扬琴，点着马杆，踽踽地走回家去。我常常想：他今天能吃饱吗？

进大西门，是文林街，挨着城门口就是一家茶馆。这是一家最无趣味的茶馆。茶馆墙上的镶框里装的是美国电影明星的照片，蓓蒂•黛维丝、奥丽薇•德•哈茀兰、克拉克•盖博、泰伦宝华……除了卖茶，还卖咖啡、可可。这家的特点是：进进出出的除了穿西服和麂皮夹克的比较有钱的男同学外，还有把头发卷成一根一根香肠似的女同学。有时到了星期六，还开舞会。茶馆的门关了，从里面传出《蓝色的多瑙河》和《风流寡妇》舞曲，里面正在“嘣嚓嚓”。

和这家斜对着的一家，跟这家截然不同。这家茶馆除卖茶，还卖煎血肠。这种血肠是牦牛肠子灌的，煎起来一街都闻见一种极其强烈的气味，说不清是异香还是奇臭。这种西藏食品，那些把头发卷成香肠一样的女同学是绝对不敢问津的。

由这两家茶馆往东，不远几步，面南便可折向钱局街。街上有一家老式的茶馆，楼上楼下，茶座不少。说这家茶馆是“老式”的，是因为茶馆备有烟筒，可以租用。一段青竹，旁安一个粗如小指半尺长的竹管，一头装一个带爪的莲蓬嘴，这便是“烟筒”。在莲蓬嘴里装了烟丝，点以纸媒，把整个嘴埋在筒口内，尽力猛吸，筒内的水咚咚作响，浓烟便直灌肺腑，顿时觉得浑身通泰。吸烟筒要有点功夫，不会吸的吸不出烟来。茶馆的烟筒比家用的粗得多，高齐桌面，吸完就靠在桌腿边，吸时尤需底气充足。这家茶馆门前，有一个小摊，卖酸角（不知什么树上结的，形状有点像皂荚，极酸，入口使人攒眉）、拐枣（也是树上结的，应该算是果子，状如鸡爪，一疙瘩一疙瘩的，有的地方即叫做鸡脚爪，味道很怪，像红糖，又有点像甘草）和泡梨（糖梨泡在盐水里，梨味本是酸甜的，昆明人却偏于盐水内泡而食之。泡梨仍有梨香，而梨肉极脆嫩）。过了春节则有人于门前卖葛根。葛根是药，我过去只在中药铺见过，切成四方的棋子块儿，是已经经过加工的了，原物是什么样子，我是在昆明才见到的。这种东西可以当零食来吃，我也是在昆明才知道。一截葛根，粗如手臂，横放在一块板上，外包一块湿布。给很少的钱，卖葛根的便操起有点像北京切涮羊肉的肉片用的那种薄刃长刀，切下薄薄的几片给你。雪白的。嚼起来有点像干瓤的生白薯片，而有极重的药味。据说葛根能清火。联大的同学大概很少人吃过葛根。我是什么奇奇怪怪的东西都要买一点尝一尝的。

大学二年级那一年，我和两个外文系的同学经常一早就坐在这家茶馆靠窗的一张桌边，各自看自己的书，有时整整坐一上午，彼此不交语。我这时才开始写作，我的最初几篇小说，即是在这家茶馆里写的。茶馆离翠湖很近，从翠湖吹来的风里，时时带有水浮莲的气味。

回到文林街。文林街中，正对府甬道，后来新开了一家茶馆。这家茶馆的特点一是卖茶用玻璃杯，不用盖碗，也不用壶。不卖清茶，卖绿茶和红茶。红茶色如玫瑰，绿茶苦如猪胆。第二是茶桌较少，且覆有玻璃桌面。在这样桌子上打桥牌实在是再适合不过了，因此到这家茶馆来喝茶的，大都是来打桥牌的，这茶馆实在是一个桥牌俱乐部。联大打桥牌之风很盛。有一个姓马的同学每天到这里打桥牌。解放后，我才知道他是老地下党员，昆明学生运动的领导人之一。学生运动搞得那样热火朝天，他每天都只是很闲在、很热衷地在打桥牌，谁也看不出他和学生运动有什么关系。

文林街的东头，有一家茶馆，是一个广东人开的，字号就叫

“广发茶社”——昆明的茶馆我记得字号的只有这一家，原因之一，是我后来住在民强巷，离广发很近，经常到这家去。原因之二是——经常聚在这家茶馆里的，有几个助教、研究生和高年级的学生。这些人多多少少有一点玩世不恭。那时联大同学常组织什么学会，我们对这些俨乎其然的学会微存嘲讽之意。有一天，广发的茶友之一说：“咱们这也是一个学会，——广发学会！”这本是一句茶余的笑话。不料广发的茶友之一，解放后，在一次运动中被整得不可开交，胡乱交待问题，说他曾参加过“广发学会”。这就惹下了麻烦。几次有人专程到北京来外调“广发学会”问题。被调查的人心里想笑，又笑不出来，因为来外调的政工人员态度非常严肃。广发茶馆代卖广东点心。所谓广东点心，其实只是包了不同味道的甜馅的小小的酥饼，面上却一律贴了几片香菜叶子，这大概是这一家饼师的特有的手艺。我在别处吃过广东点心，就没有见过面上贴有香菜叶子的——至少不是每一块都贴。

或问：泡茶馆对联大学生有些什么影响？答曰：第一，可以养其浩然之气。联大的学生自然也是贤愚不等，但多数是比较正派的。那是一个污浊而混乱的时代，学生生活又穷困得近乎潦倒，但是很多人却能自许清高，鄙视庸俗，并能保持绿意葱茏的幽默感，用来对付恶浊和穷困，并不颓丧灰心，这跟泡茶馆是有些关系的。第二，茶馆出人才。联大学生上茶馆，并不是穷泡，除了瞎聊，大部分时间都是用来读书的。联大图书馆座位不多，宿舍里没有桌凳，看书多半在茶馆里。联大同学上茶馆很少不夹

着一本乃至几本书的。不少人的论文、读书报告，都是在茶馆写的。有一年一位姓石的讲师的《哲学概论》期终考试，我就是把考卷拿到茶馆里去答好了再交上去的。联大八年，出了很多人才。研究联大校史，搞“人才学”，不能不了解了解联大附近的茶馆。第三，泡茶馆可以接触社会。我对各种各样的人、各种各样的生活都发生兴趣，都想了解了解，跟泡茶馆有一定关系。如果我现在还算一个写小说的人，那么我这个小说家是在昆明的茶馆里泡出来的。

葵·薤

汪曾祺

小时读汉乐府《十五从军征》，非常感动。

十五从军征，八十始得归。道逢乡里人，“里中有阿谁？”——“遥望是君家，松柏冢累累。”兔从狗窦入，雉从梁上飞，中庭生旅谷，井上生旅葵。舂谷持作饭，采葵持作羹，羹饭一时熟，不知贻阿谁。出门东向望，泪落沾我衣。

诗写得平淡而真实，没有一句迸出呼天抢地的激情，但是惨切沉痛，触目惊心。词句也明白如话，不事雕饰，真不像是两千多年前的人写出的作品，一个十来岁的孩子也完全能读懂。我未从过军，接触这首诗的时候，也还没有经过长久的乱离，但是不止一次为这首诗流了泪。

然而有一句我不明白，“采葵持作羹”。葵如何可以为羹呢？我的家乡人只知道向日葵，我们那里叫做“葵花”。这东西怎么能做羹呢？用它的叶子？向日葵的叶子我是很熟悉的，很大，叶面很粗，有毛，即使是把它切碎了，加了油盐，煮熟之后也还是很难下咽的。另外有一种秋葵，开淡黄色薄瓣的大花，叶如鸡脚，又名鸡爪葵。这东西也似不能做羹。还有一种蜀葵，又名锦葵，内蒙、山西一带叫做“蜀蓟”。我们那里叫做端午花，因为在端午节前后盛开。我从来也没听说过端午花能吃，——包括它的叶、茎和花。后来我在济南的山东博物馆的庭院里看到一种戎葵，样子有点像秋葵，开着耀眼的朱红的大花，红得简直吓人一跳。我想，这种葵大概也不能吃。那么，持以作羹的葵究竟是一种什么东西呢？

后来我读到吴其濬的《植物名实图考长编》和《植物名实图考》。吴其濬是个很值得叫人佩服的读书人。他是嘉庆进士，自翰林院修撰官至湖南等省巡抚。但他并没有只是做官，他留意各地物产丰瘠与民生的关系，依据耳闻目见，辑录古籍中有关植物的文献，写成了《长编》和《图考》这样两部巨著。他的著作是我国十九世纪植物学极重要的专著。直到现在，西方的植物学家还认为他绘的画十分精确。吴其濬在《图考》中把葵列为蔬类的第一品。他用很激动的语气，几乎是大声疾呼，说葵就是冬苋菜。

然而冬苋菜又是什么呢？我到了四川、江西、湖南等省才见到。我有一回住在武昌的招待所里，几乎餐餐都有一碗绿色的叶菜做的汤。这种菜吃到嘴是滑的，有点像莼菜。但我知道这不是莼菜，因为我知道湖北不出莼菜，而且样子也不像。我问服务员：“这是什么菜？”——“冬苋菜！”第二天我过到一个巷子，看到有一个年轻的妇女在井边洗菜。这种菜我没有见过。叶片圆如猪耳，颜色正绿，叶梗也是绿的。我走过去问她洗的这是什么菜，——“冬苋菜！”我这才明白：这就是冬苋菜，这就是葵！那么，这种菜作羹正合适，——即使是旅生的。从此，我才算把《十五从军征》真正读懂了。

吴其濬为什么那样激动呢？因为在他成书的时候，已经几乎没有人知道葵是什么了。

蔬菜的命运，也和世间一切事物一样，有其兴盛和衰微，提起来也可叫人生一点感慨，葵本来是中国的主要蔬菜。《诗•豳风•七月》："七月烹葵及菽"，可见其普遍。后魏《齐民要术》以《种葵》列为蔬菜第一篇。"采葵莫伤根"，"松下清斋折露葵"，时时见于篇咏。元代王祯的《农书》还称葵为"百菜之主"。不知怎么一来，它就变得不行了。明代的《本草纲目》中已经将它列入草类，压根儿不承认它是菜了！葵的遭遇真够惨的！到底是什么原因呢？我想是因为后来全国普遍种植了大白菜。大白菜取代了葵。齐白石题画中曾提出"牡丹为花之王，荔枝为果之王，独不论白菜为菜中之王，何也？"其实大白菜实际上已经成"菜之王"了。

幸亏南方几省还有冬苋菜，否则吴其濬就死无对证，好像葵已经绝了种似的。吴其濬是河南固始人，他的家乡大概早已经没有葵了，都种了白菜了。他要是不到湖南当巡抚，大概也弄不清葵是啥。吴其濬那样激动，是为葵鸣不平。其意若曰：葵本是菜中之王，是很好的东西；它并没有绝种！它就是冬苋菜！您到南方来尝尝这种菜，就知道了！

北方似乎见不到葵了。不过近几年北京忽然卖起一种过去没见过的菜：木耳菜。你可以买一把来，做个汤，尝尝。葵就是那样的味道，滑的，木耳菜本名落葵，是葵之一种，只是葵叶为绿色，而木耳菜则带紫色，且叶较尖而小。

由葵我又想到薤。

我到内蒙去调查抗日战争时期游击队的材料，准备写一个戏。看了好多份资料，都提到部队当时很苦，时常没有粮食吃，吃“荄荄”，下面多于括号中注明“（音‘害害’）”。我想：“荄荄”是什么东西？再说“荄”读gāi，也不读“害”呀！后来在草原上有人给我找了一棵实物，我一看，明白了：这是薤。薤音xiè。内蒙、山西人每把声母为x的字读成h母，又好用叠字，所以把“薤”念成了“害害”。

薤叶极细。我捏着一棵薤，不禁想到汉代的挽歌《薤露》，“薤上露，何易晞，露晞明朝还落复，人死一去何时归？”不说葱上露、韭上露，是很有道理的。薤叶上实在挂不住多少露水，太易“晞”掉了。用此来比喻人命的短促，非常贴切。同时我又想到汉代的人一定是常常食薤的，故尔能近取譬。

北方人现在极少食薤了。南方人还是常吃的。湖南、湖北、江西、云南、四川都有。这几省都把这东西的鳞茎叫做“藠头”。“藠”音“叫”。南方的年轻人现在也有很多不认识这个藠字的。我在韶山参观，看到说明材料中提到当时用的一种土造的手榴弹，叫做“洋藠古”，一个讲解员就老实不客气地读成“洋晶古”。湖南等省人吃的藠头大都是腌制的，或入醋，味道酸甜；或加辣椒，则酸甜而极辣，皆极能开胃。

南方人很少知道藠头即是薤的。

北方城里人则连藠头也不认识。北京的食品商场偶尔从南方运了藠头来卖，趋之若鹜的都是南方几省的人。北京人则多用不信任的眼光端详半天，然后望望然后去之。我曾买了一些，请几位北方同志尝尝，他们闭着眼睛嚼了一口，皱着眉头说："不好吃！——这哪有糖蒜好哇！"我本想长篇大论地宣传一下藠头的妙处，只好咽回去了。

哀哉，人之成见之难于动摇也！

我写这篇随笔，用意是很清楚的。

第一，我希望年轻人多积累一点生活知识。古人说诗的作用：可以观，可以群，可以怨，还可以多识于草木虫鱼之名。这最后一点似乎和前面几点不能相提并论，其实这是很重要的。草木虫鱼，多是与人的生活密切相关。对于草木虫鱼有兴趣，说明对人也有广泛的兴趣。

第二，我劝大家口味不要太窄，什么都要尝尝，不管是古代的还是异地的食物，比如葵和薤，都吃一点。一个一年到头吃大白菜的人是没有口福的。许多大家都已经习以为常的蔬菜，比如菠菜和莴笋，其实原来都是外国菜。西红柿、洋葱，几十年前中国还没有，很多人吃不惯，现在不是也都很爱吃了吗？许多东西，乍一吃，吃不惯，吃吃，就吃出味儿来了。

你当然知道，我这里说的，都是与文艺创作有点关系的问题。

故園有金銀花一株，自我
記事以來不開花，小時不知此
為何種植物，一年夏，忽開
繁花無數，令人驚駭，亦不
見其主何災祥。此後每年開
花，但花稍稀少耳。一九九四
年六月偶憶往事，提筆寫此。
高郵 汪曾祺記於北京

食之『是非』

汪朗

世上许多事情，难有“是非”可言。比如饮食。

尽管中国古人说过“口之于味，有同嗜焉”之类的大话，但现实之中，南人之口与北人之口，中国人之口与东洋人之口与西洋人之口，所“嗜”之味，往往毫不相干。有的时候，此地之“非”，恰为彼地之“是”，很难达成一致。

中国南方的田间地头长着一种草，叶卵状，茎白色，大名蕺菜，古称岑草，别名折耳根。说起来，这蕺菜也是大有名头。当年越王勾践吃了败仗，被迫到吴王夫差宫中打工。为早日脱离苦海，勾践使出绝顶功夫，在夫差生病时主动申请尝其粪便，以确定病情，好让大王早日康复。这一手果然灵验，夫差痊愈后，很快便让勾践回国享福去了。不过，勾践也因此落下了病根，口臭。这下便有些麻烦。一国之君，满嘴喷着臭气，下达的指示再冠冕堂皇，也少点正经味儿。幸亏大臣范蠡想出个高招，“令左右皆食岑草，以乱其气”。大家都吃点蕺菜，要臭就臭到一块儿，省得让老大一人难堪。这才是真正为领导排忧解难，后人当

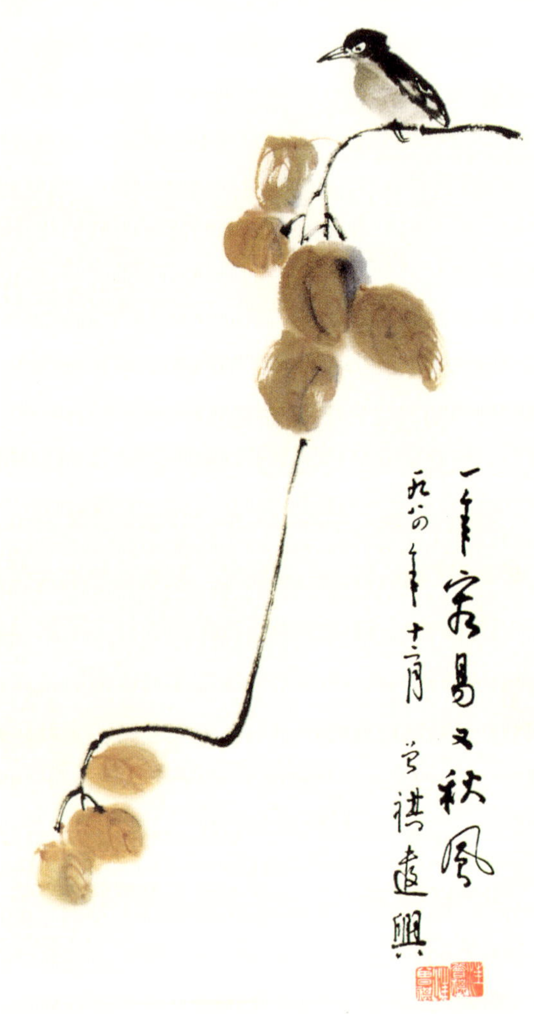
一年容易又秋風
一九八四年十二月 曾祺遣興

深刻体味之！

蕺菜的最大特色其实并不是臭，是腥。其味道与松花蛋、臭豆腐、韭菜、大蒜之流绝不相同，而是有着一股强烈的鱼腥气。吃食之中，非鱼而腥者，似乎唯此一家，因而蕺菜也叫鱼腥草。这种味道，一般人起初很难消受，因此，吴越之地，除了当年伺候勾践的倒霉蛋外，似乎再没有什么人把蕺菜当正经东西，相反，还授予了它种种“美名”，什么猪鼻吼、狗帖耳、臭草、臭嗟草、臭臊草、臭腥草……听听这些谥号，即可明了其地位如何。

不过，在巴蜀之地，这味道奇怪的蕺菜却被奉若上宾，有着上亿之众的铁杆追“腥”族。四川人如果提起折耳根，便会眼睛发亮眉毛上扬，视其为天下绝味。不少人长年不可离此君，凉拌、烧肉、炖汤，变着花样招呼。四川的烹饪学家熊四智先生还将蕺菜列入四川野蔌八珍，可见其地位之尊崇。邓小平一九八六年春节回四川时，据说就曾指名要吃折耳根，因不到时令，费了不少力气才找到一些。现在四川已经把折耳根当菜种，有的县一种就是上万亩，再不愁没的吃。范蠡知悉此事，准得目瞪口呆。噫吁！国人口味之差别甚矣。

中外对于美食的认定，更是各吹各的号。法国有一名菜，叫鞑靼牛排（Steak Tartar）。几年前和一批记者到空中客车公司采访，在巴黎餐馆吃饭时，不知是谁点了这道菜，及至“牛排”上桌，众人却只是大眼瞪小眼，无人再肯出头认领。盖因盘中仅生牛肉馅儿一团，生鸡蛋一只，外带说不出名堂的树叶草籽儿几样，实在过于生猛。最后，还是本人当了敢死队，将生鸡蛋磕入生肉馅，加上七七八八的调料，把这道大餐送进了肚子。味道还不错。

前一段，在北京见到一位在中国待了十几年的法国女士时，顺便聊起了“鞑靼牛排”。她登时把眼睛睁得大大的，连说“好吃好吃”，还说小时候在法国时，上肉铺买牛肉馅，回家路上边走边吃，到家时只剩了一半。乖乖！据说，丹麦也有和“鞑靼牛排”相似的菜肴，名为“魔鬼的太阳”，而且还是国菜。中国人碰上这等丹麦国菜，多数可能是只见魔鬼不见太阳了。

饮食之“无是非”或“多是非”，与一国一地的环境物产、文化习俗乃至意识形态都有些关系。在小国寡民时代，人们固执己见倒也无关大碍，因为无须与外部“搭界”，尽可关起门来成一统，按照自己的喜好吃饭喝汤。如今，人们要外出办事，要旅游观光，要渡洋考察，于是，己之“是”与他之“是”，难免发生碰撞。如果仍一味固执，不知变通，倒霉的是自己的肚子。

有一同事，于中国饮食可谓精益求精，自己会摆弄鱼翅鲍鱼不说，秋高蟹肥时还专门让人从老家捎来蟹黄包子尝鲜，而且指明不要冷冻的，不然会减却滋味。可是等到出国采访，这套讲究全都派不上用场，而他对大多数洋饭洋菜，不管尝没尝过，全然不屑一顾，于是只好经常以面包生菜度日，惨得很。一次在飞机上，此君曾一连填进八个面包，空姐儿看了直眨巴眼。由此可见，要想肚子不受委屈，就不能坐井观天，盲目是己而非人。不管是折耳根还是“鞑靼牛排”，最好先拿来品尝品尝，对胃口的留下来，不合适的一边儿去，这起码于健康有好处。饮食内外，都不妨来点儿五湖四海。

折耳根如今北京超市也经常见得到，有兴趣者不妨买些尝尝，只要挺过最初的鱼腥气，便会觉得它有一股特殊的香味。吃折耳根，以凉拌味道最好，可以保持其原味儿。

桃花源记

汪曾祺

汽车开进桃花源，车中一眼看见一棵桃树上还开着花。只有一枝，四五朵，通红的，如同胭脂。十一月天气，还开桃花！这四五朵红花似乎想努力地证明：这里确实是桃花源。

有一位原来也想和我们一同来看看桃花源的同志，听说这个桃花源是假的，就没有多大兴趣，不来了。这位同志真是太天真了。桃花源怎么可能是真的呢？《桃花源记》是一篇寓言。中国有几处桃花源，都是后人根据《桃花源诗并记》附会出来的。先有《桃花源记》，然后有桃花源。不过如果要在中国选举出一个桃花源，这一个应该有优先权。这个桃花源在湖南桃源县，桃源旧属武陵。而且这里有一条小溪，直通沅江。陶渊明的《桃花源记》不是这样说的嘛：“晋太原中，武陵人，捕鱼为业，缘溪行，忘路之远近……”

刚放下旅行包，文化局的同志就来招呼去吃擂茶。闻擂茶之名久矣，此来一半为擂茶，没想到下车后第一个节目便是吃擂茶，当然很高兴。茶叶、老姜、芝麻、米，加盐，放在一个擂钵里，用硬杂木做的擂棒“擂”成细末，用开水冲开，便是擂茶。

吃擂茶时还要摆出十几个碟子，里面装的是炒米、炒黄豆、炒绿豆、炒包谷、炒花生、砂炒红薯片、油炸锅巴、泡菜、酸辣藠头……边喝边吃。擂茶别具风味，连喝几碗，浑身舒服。佐茶的茶食也都很好吃，藠头尤其好。我吃过的藠头多矣，江西的、湖北的、四川的……但都不如这里的又酸又甜又辣，桃源藠头滋味之浓，实为天下冠。桃源人都爱喝擂茶。有的农民家，夏天中午不吃饭，就是喝一顿擂茶。问起擂茶的来历，说是：诸葛亮带兵到这里，士兵得了瘟疫，遍请名医，医治无效，有一个老婆婆说："我会治！"她熬了几大锅擂茶，说："喝吧！"士兵喝了擂茶，都好了。这种说法当然也只好姑妄听之。诸葛亮有没有带兵到过桃源，无可稽考。根据印象，这一带在三国时应是吴国的地方，若说是鲁肃或周瑜的兵，还差不多。我总怀疑，这种喝茶法是宋代传下来的。《都城纪胜》中"茶坊"载："冬天兼卖擂茶"。《梦粱录》"茶肆"条载："冬月添卖七宝擂茶"。有一本书载："杭州人一天吃三十丈木头"。指的是每天消耗的"擂槌"的表层木质。"擂槌"大概就是桃源人所说的擂棒。"一天吃三十丈木头"，形容杭州人口之多。

擂槌可以擂别的东西，当然也可以擂茶。"擂"这个字是从宋代沿用下来的。"擂"者，擂而细之之谓也，跟擂鼓的擂不是一个意思。茶里放姜，见于《水浒传》，王婆家就有这种茶卖，《水浒传》第二十四回写道："便浓浓的点两盏姜茶，将来放在桌子上。"从字面看，这种茶里有茶叶，有姜，至于还放不放别的什么，只好阙闻了。反正，王婆所卖之茶与桃源擂茶有某种渊源，是可以肯定的。湖南省不少地方喝“芝麻豆子茶”，即在茶里放入炒熟且碾碎的芝麻、黄豆、花生，也有放姜的，好像不加盐，茶叶则是整的，并不擂细，而且喝干了茶水还把叶子捞出来放进嘴里嚼嚼吃了，这可以说是擂茶的嫡堂兄弟。湖南人爱吃姜。十多年前在醴陵、浏阳一带旅行，公共汽车一到站，就有人托了一个磁盘，里面装的是插在牙签上的切得薄薄的姜片，一根牙签上插五六片，卖与过客。本地人掏出角把钱，买得几串，就坐在车里吃起来，像吃水果似的。大概楚地卑湿，故湘人保存了不撤姜食的习惯。生姜、茶叶可以治疗某些外感，是一般的本草书上都讲过的。北方的农村也有把茶叶、芝麻一同放在嘴里生嚼用来发汗的偏方。因此，说擂茶最初起于医治兵士的时症，不为无因。

上午在山上桃花观里看了看。进门是一正殿，往后高处是“古隐君子之堂”。两侧各有一座楼，一名“蹑风”，用陶渊明“愿言蹑轻风”诗意；一名“玩月”，用刘禹锡故实。楼皆三面开窗，后为墙壁，颇小巧，不俗气。观里的建筑都不甚高大，疏疏朗朗，虽为道观，却无甚道士气，既没有一气三清的坐像，也没有伸着手掌放掌心雷降妖的张天师。楹联颇多，联语多隐括《桃花源记》词句，也与道教无关。这些联匾在“文化大革命”中由一看山的老人摘下藏了起来，没有交给破四旧的红卫兵，故能完整地重新挂出来，也算万幸了。

下午下山，去钻了“秦人洞”。洞口倒是有点像《桃花源记》所写的那样，“山有小口，仿佛若有光”，“初极狭，才通人”。洞里有小小流水，深不过人脚面，然而源源不竭，蜿蜒流至山下。走了十几步，豁然开朗了，但并不是“土地平旷，屋舍俨然，有良田桑竹之属，阡陌交通，鸡犬相闻”。后面有一点平地，也有一块稻田，田中插一木牌，写着：“千丘田”，实际上只有两间房子那样大，是特意开出来种了稻子应景的。有两个水池子，山上有一个擂茶馆，再后就又是山了。如此而已。因此不少人来看了，都觉得失望，说是“不像”。这些同志也真是天真。他们大概还想遇见几个避乱的秦人，请到家里，设酒杀鸡来招待他一番，这才满意。

看了秦人洞，便抉向路下山。山下有方竹亭，亭极古拙，四面有门而无窗，墙甚厚，拱顶，无梁柱，云是明时所筑，似可信。亭后旧有方竹，为国民党的兵砍尽。竹子这个东西，每隔三年，须删砍一次，不则挤死；然亦不能砍尽，砍尽则不复长。现在方竹亭后仍有一丛细竹，导游的说明牌上说：这种竹子看起来是圆的，摸起来是方的。摸了摸，似乎有点楞。但一切竹竿似皆不尽浑圆，这一丛细竹是补种来应景的，和我在成都薛涛井旁所见方竹不同，——那是真正“的角四方”的。方竹亭前原来有很多碑，“文化大革命”中都被红卫兵椎碎了，剩下一些石头乌龟昂着头空空地坐在那里。据说有一块明朝的碑，字写得很好，不知还能不能找到拓本。

旧的碑毁掉了，新的碑正在造出来。就在碎碑残骸不远处，有几个石工正在丁丁地斫治。一个小伙子在一块桃源石的巨碑上浇了水，用一块油石在慢慢地磨着。碑石绿如艾叶，很好看。桃源石很硬，磨起来很不容易。问：“磨这样一块碑得用多少工？”——“好多工啊？那晓得呢！反正磨光了算！”这回答真有点无怀氏之民的风度。

晚饭后，管理处的同志摆出了纸墨笔砚，请求写几个字，把上午吃擂茶时想出的四句诗写给了他们：

红桃曾照秦时月，
黄菊重开陶令花。
大乱十年成一梦，
与君安坐吃擂茶。

晚宿观旁的小招待所，栏杆外面，竹树萧然，极为幽静。桃花源虽无真正的方竹，但别的竹子都可看。竹子都长得很高，节子也长，竹叶细碎，姗姗可爱，真是所谓修竹。树都不粗壮，而都甚高。大概树都是从谷底长上来的，为了够得着日光，就把自己拉长了。竹叶间有小鸟穿来穿去，绿如竹叶，才一寸多长。

修竹姗姗节子长，
山中高树已经霜。

经霜竹树皆无语，
小鸟啾啾为底忙？

晨起，至桃花观门外闲眺，下起了小雨。

山下鸡鸣相应答，
林间鸟语自高低。
芭蕉叶响知来雨，
已觉清流涨小溪。

做了一日武陵人，临去，看那个小伙子磨的石碑，似乎进展不大。门口的桃花还在开着。

多年父子成兄弟（代跋）

这是我父亲的一句名言。

父亲是个绝顶聪明的人。他是画家，会刻图章，画写意花卉。图章初宗浙派，中年后治汉印。他会摆弄各种乐器，弹琵琶，拉胡琴，笙箫管笛，无一不通。他认为乐器中最难的其实是胡琴，看起来简单，只有两根弦，但是变化很多，两手都要有功夫。他拉的是老派胡琴，弓子硬，松香滴得很厚——现在拉胡琴的松香都只滴了薄薄的一层。他的胡琴音色刚亮。胡琴码子都是他自己刻的，他认为买来的不中使。他养蟋蟀，养金铃子。他养过花，他养的一盆素心兰在我母亲病故那年死了，从此他就不再养花。我母亲死后，他亲手给她做了几箱子冥衣——我们那里有烧冥衣的风俗。按照母亲生前的喜好，选购了各种花素色纸做衣料，单夹皮棉，四时不缺。他做的皮衣能分得出小麦穗、羊羔，灰鼠、狐肷。

父亲是个很随和的人，我很少见他发过脾气，对待子女，从无疾言厉色。他爱孩子，喜欢孩子，爱跟孩子玩，带着孩子玩。我的姑妈称他为“孩子头”，春天，不到清明，他领一群孩子到麦田里放风筝。放的是他自己糊的蜈蚣（我们那里叫“百脚”），是用染了色的绢糊的。放风筝的线是胡琴的老弦。老弦结实而轻，这样风筝可笔直地飞上去，没有“肚儿”。用胡琴弦放风筝，我还未见过第二人。清明节前，小麦还没有“起身”，是不怕践踏的，而且越踏会越长得旺。孩子们在屋里闷了一冬天，在春天的田野里奔跑跳跃，身心都极其畅快。他用钻石刀把玻璃裁成不同形状的小块，再一块一块斗拢，接缝处用胶水粘牢，做成小桥、小亭子、八角玲珑水晶球。桥、亭、球是中空的，里面养了金铃子。从外面可以看到金铃子在里面自在爬行，振翅鸣叫。他会做各种灯。用浅绿透明的“鱼鳞纸”扎了一只纺织娘，栩栩如生。用西洋红染了色，上深下浅的通草做花瓣，做了一个重瓣荷花灯，真是美极了。用小西瓜（这是拉秧的小瓜，因其小，不中吃，叫做“打瓜”或“骂瓜”）上开小口挖净瓜瓤，在瓜皮上雕镂出极细的花纹，做成西瓜灯。我们在这些灯里点了蜡烛，穿街过巷，邻居的孩子都跟过来看，非常羡慕。

父亲对我的学业是关心的，但不强求。我小时候，国文成绩一直是全班第一。我的作文，时得佳评，他就拿出去到处给人看。我的数学不好，他也不责怪，只要能及格，就行了。他画画，我少时也喜欢画画，但他从不指点我。他画画时，我在旁边看，其余时间由我自己乱翻画谱，瞎抹。我对写意花卉那时还不太会欣赏，只是画一些鲜艳的大桃子，或者我从来没有见过的瀑布。我小时字写得不错，他倒是给我出过一点主意。在我写过一阵“圭峰碑”和“多宝塔”以后，他建议我写写“张猛龙”。这建议是很好的，到现在我写的字还有“张猛龙”的影响，我初中时爱唱戏，唱青衣，我的嗓子很好，高亮甜润。在家里，他拉胡琴，我唱，我的同学有几个能唱戏的。学校开同乐会，他应我的邀请，到学校去伴奏。几个同学都只是清唱。有一个姓费的同学借到一顶纱帽，一件蓝官衣，扮起来唱“朱砂井”，但是没有配角，没有衙役，没有犯人，只是一个赵廉，摇着马鞭在台上走了两圈，唱了一段“郡坞县在马上心神不定”便完事下场。父亲那么大的人陪着几个孩子玩了一下午，还挺高兴。我十七岁初恋，暑假里，在家写情书，他在一旁瞎出主意。我十几岁就学会了抽烟喝酒。他喝酒，给我也倒一杯。抽烟，一次抽出两根他一根我一根。他还总是先给我点上火。我们的这种关系，他人或以为怪，父亲说：“我们是多年父子成兄弟。”

我和儿子的关系也是不错的。我戴了“右派分子”的帽子下放张家口农村劳动，他那时还从幼儿园刚毕业，刚刚学会汉语拼音，用汉语拼音给我写了第一封信，我也只好赶紧学会汉语拼音，好给他写回信。“文化大革命”期间，我被打成“黑帮”，送进“牛棚”。偶尔回家，孩子们对我还是很亲热。我的老伴告诫他们：“你们要和爸爸‘划清界限’。”儿子反问母亲：“那你怎么还给他打酒？”

只有一件事，两代之间，曾有分歧，他下放山西忻县“插队落户”。按规定，春节可以回京探亲。我们等着他回来。不料他同时带回了一个同学。他这个同学的父亲是一位正受林彪迫害，搞得人囚家破的空军将领。这个同学在北京已经没有家，按照大队的规定是不能回北京的，但是这孩子很想回北京，在一伙同学的秘密帮助下，我的儿子就偷偷地把他带回来了，他连“临时户口”也不能上，是个“黑人”，我们留他在家住，等于“窝藏”了他。公安局随时可以来查户口，街道办事处的大妈也可能举报。当时人人自危，自顾不暇，儿子惹了这么一个麻烦，使我们非常为难。我和老伴把他叫到我们的卧室，对他的冒失行为表示很不满，我责备他：“怎么事前也不和我们商量一下！”我的儿子哭了，哭得很委屈，很伤心。我们当时立刻明白了：他是对的，我们是错的。我们这种怕担干系的思想是庸俗的。我们对儿子和同学之间义气缺乏理解，对他的感情不够尊重。他的同学在我们家一直住了四十多天，才离去。

对儿子的几次恋爱，我采取的态度是“闻而不问”。了解，但不干涉。我们相信他自己的选择，他的决定。最后，他悄悄和一个小学时期女同学好上了，结了婚。有了一个女儿，已近七岁。

我的孩子有时叫我“爸”，有时叫我“老头子”！连我的孙女也跟着叫。我的亲家母说这孩子“没大没小”。我觉得一个现代化的，充满人情味的家庭，首先必须做到“没大没小”。父母叫人敬畏，儿女“笔管条直”，最没有意思。

儿女是属于他们自己的。他们的现在，和他们的未来，都应由他们自己来设计。一个想用自己理想的模式塑造自己的孩子的父亲是愚蠢的，而且，可恶！另外，作为一个父亲，应该尽量保持一点童心。

一九九〇年九月一日

记得儿时好，

跟随爹爹去吃茶。

门前磨螺壳，

巷口弄泥沙。

图书在版编目（CIP）数据

活着，就得有点滋味儿 / 汪曾祺，汪朗著. -- 南京：江苏凤凰文艺出版社，2017.10（2017.11 重印）
ISBN 978-7-5594-1115-0

Ⅰ. ①活… Ⅱ. ①汪… ②汪… Ⅲ. ①散文集 - 中国 - 当代 Ⅳ. ①I267

中国版本图书馆CIP数据核字（2017）第224468号

书　　名	活着，就得有点滋味儿
著　　者	汪曾祺　汪　朗
文字编辑	左　夕　梁耀文
责任编辑	黄孝阳　王　青
出版发行	江苏凤凰文艺出版社
出版社地址	南京市中央路165号，邮编：210009
出版社网址	http://www.jswenyi.com
发　　行	北京华景时代文化传媒有限公司 010-83638551
印　　刷	北京中科印刷有限公司
开　　本	880 × 1 230 毫米　1/32
印　　张	7.5
字　　数	130千字
版　　次	2017年10月第1版　2017年11月第2次印刷
标准书号	ISBN 978-7-5594-1115-0
定　　价	49.80元

（江苏凤凰文艺版图书凡印刷、装订错误可随时向承印厂调换）